你会说，孩子才会听

高效能妈妈话术训练手册

[韩] 朴宰莲◎著　[韩] 孔仁英◎绘　金顺平◎译

人民东方出版传媒

东方出版社

图字：01-2020-6263

Original Title: 엄마의 말하기 연습
Text copyright © 2018, Jaeyeun Park
Illustration copyright © 2018, Inyoung Kong
All rights reserved.
Original Korean edition published by Hanbit Media, Inc., Seoul, Korea
Simplified Chinese Translation Copyright © 2021 by The Oriental Press
This Simplified Chinese Language edition published by arranged with Hanbit Media, Inc. through
Arui Shin Agency & Qiantaiyang Cultural Development (Beijing) Co., Ltd.

图书在版编目（ＣＩＰ）数据

你会说，孩子才会听：高效能妈妈话术训练手册 / (韩)朴宰莲著；金顺平译.
—北京：东方出版社，2021.3
ISBN 978-7-5207-2006-9

Ⅰ.①你… Ⅱ.①朴… ②金… Ⅲ.家庭教育 Ⅳ.①G78

中国版本图书馆CIP数据核字（2020）第265249号

你会说，孩子才会听：高效能妈妈话术训练手册
（NIHUISHUO, HAIZI CAIHUI TING: GAOXIAONENG MAMA HUASHU XUNLIAN SHOUCE）
作者：[韩]朴宰莲 绘者：[韩]孔仁英 译者：金顺平

策划编辑：鲁艳芳
责任编辑：黎民子
出　　版：東方出版社
发　　行：人民东方出版传媒有限公司
地　　址：北京市西城区北三环中路6号
邮政编码：100120
印　　刷：北京联兴盛业印刷股份有限公司
版　　次：2021年3月第1版
印　　次：2021年3月北京第1次印刷　2021年7月北京第3次印刷
开　　本：880毫米×1230毫米 1/32
印　　张：8.5
字　　数：101千字
书　　号：ISBN 978-7-5207-2006-9
定　　价：49.80元
发行电话：（010）85924663 85924644 85924641

是什么力量促使我们成为一个"好妈妈"

在漫漫人生长河中，我们扮演着各式各样的角色。而在众多的角色中，"母亲"这个角色最令人动容，一旦成为妈妈，便再也无法卸下这份责任。无论是结婚后自然而然怀孕生子的人，还是按照计划按部就班生下宝宝的人，她们都怀着激动与担忧的心情去迎接这个角色，并将自己的主要精力献给自己的孩子。

你一定记得第一次把又小又软的孩子抱在怀里时，无法用语言形容的心情。此时，你甚至都无法顾及因生产而感到疲惫无力的身体，你会暗暗下定决心，一定要把这个小家伙健健康康地抚养长大，并做一个好妈妈。但是，世上哪有那么容易的事呢？在养育孩子的过程中，我们经常会碰到感到慌乱和害怕的情况，在审视作为妈妈的自己时，时常会怀疑自己是否真的有资格担任"母亲"这个角色，并常常对自己感到失望。

记得有一段时间我跟孩子在国外居住，当时我们都在适应国外的生活。开学第一天，我自然而然地送他去了学校，但是从第二天起，他就开始拒绝让我送他，执意要自己一个人去学校。好景不长，过了几周之后，一向很坚强的孩子在午饭时间给我打电话，哭泣着说道："妈妈，你帮我拿几本韩语书过来吧，这里的小朋友谁都不想跟我玩。"

我竟然在不知情的情况下，让几周以来一直被其他小朋友孤立的孩子独自一人去上学。而且孩子执意不让我送他去学校，是因为他不想让我看到他被孤立的样子。当我拿着书着急万分地跑到学校时，看见儿子正一个人孤零零地站在操场上。看到这幅景象的我，瞬间失去了作为一个母亲该有的理智，找到孩子的老师并大声呵斥，问他为什么要把孩子一个人扔在那里。老师说可能是因为文化差异，过一段时间自然而然就好了，让我耐心等待一阵子。但是看到孩子如此可怜的样子，我无法听进老师的话。但是又有什么办法呢？回家之前，我把孩子带到卫生间，擦干他眼角的泪水，认真地想了想："我的孩子现在真正需要的是什么样的帮助呢？"把书交到他手上后，我紧紧地抱了抱他，然后回到了家。

那天下午孩子放学回家之后，在我怀里哭着说想回韩国。从那以后，之前特别不喜欢看书的他，只要放学一回家，就开始拿着书，一看就是一小时，他用这样的方法来消磨孤独

的时光。在那段时间里，我经常跟孩子聊他在学校跟其他小朋友相处的情况。就这样三个月以后，儿子逐渐开始有了新的小伙伴，能在操场一起开心地玩起来。

回想起与孩子一起度过的时光，我时常无法克制我的情绪，甚至用非常情绪化的态度去对待孩子。有时，只要孩子稍微不听话，我就会开始变得非常暴躁，并且呵斥他。每当这种情况发生时，我看着夜里熟睡的孩子，回想起我的所作所为，常常因愧疚感而迟迟无法入睡。我所认识的许多妈妈也有跟我类似的经历。一位全职主妇说，她常常觉得孩子不由自主地成了自己发泄所有情绪的对象，因此感到非常内疚。还有一位职场妈妈说道，因自己的工作非常忙而没有办法长时间陪伴孩子，所以心里一直很内疚，但是每当下了班回到家，她就会不由自主地将职场上所积压的负面情绪全部发泄到孩子身上。所以好几次夜里她都是心疼地看着熟睡的孩子，哭着哭着就睡着了。

现在，请你放下种种负罪感好好地思考一下。因担任"母亲"这个角色，我们能够体会到非常多复杂而重要的感情。我们奉献，我们毫无保留地去爱，从孩子天真的笑容里获得最真挚的喜悦。在成为妈妈之前，你是否有过因别人对你的伤害而感到心痛的经历呢？而现在，当我们的孩子受到伤害时，我们会比自己受伤还要难过。虽然有时会因做出一些不成熟的行为而后悔，但妈妈们是真真切切地希望自己的孩子幸福快乐地长大的。因为，我们是妈妈。

其实，在这个世界上并不存在所谓判断一位妈妈好坏的标准，只要你能认认真真地倾听孩子的烦恼，当孩子可以毫无保留地在你面前表达自己的悲伤情绪时，你就是世界上最好的妈妈。

过去两年在 Mom's Radio 的节目中，我与多位妈妈分享了有关如何能更好地去跟孩子们交流、怎样更好地抚慰孩子们的心灵等内容。通过各种各样的事例，希望我所分享的内容可以更好地帮助越来越多的妈妈，使她们可以更好地爱护、呵护孩子，陪伴他们一起长大。

请记住，对你的孩子来说，你就是这个世界上独一无二、最好的妈妈。

2018 年 2 月

在洒满阳光的儿子房间里

朴宰莲

目录
Contents

Chapter 1
作为妈妈
理解，共鸣

Chapter 2
对我的孩子
理解，共鸣

作为妈妈
理解，共鸣

01 怎样充分地表达爱？

守护母爱的力量

　　妈妈们会经常苦恼："怎样才能更好地去爱我的孩子？""该怎么向孩子表达我对他的爱？"当我跟妈妈们见面，练习怎样去跟孩子更好地沟通时，她们经常会问这样的问题：

　　"我想做一个好妈妈，但总是控制不好自己的情绪。"

　　"我不是一个很善于表达的人，所以我不知道该怎么跟孩子沟通。"

　　当面对那些非常爱自己孩子，却不知道该如何表达爱的妈妈时，我经常会问：

　　"请你回想一下，以前是否有过不求回报地帮助别人的情况呢？"

有一次，当我提出这样的问题时，我注意到有一位妈妈闭着眼睛，脸上洋溢着笑容。

她有两个孩子，分别上小学三年级和五年级。

她说道："我们家隔壁住着一位即将临产的孕妇，每当在小区里遇见她时，我就会想起我当年怀孕时，因为跟老公是周末夫妻，只能自己一个人吃饭的日子。有一次我跟她在电梯里遇见了，当时我们彼此都不太熟悉，但是她却提出来中午要不要一起去吃饭。我是那种不怎么会跟不太熟悉的人一起坐下来吃饭的性格，但是在那天吃饭的全过程里，我们俩之间没有一丝尴尬，而且我非常开心地主动买了单。当时我觉得是我帮助了她，但是现在回想起来，反倒觉得是她帮助了我。"

这位妈妈其实就是不求任何回报帮助别人的人，而且在这个过程中，她收获了快乐，并发现了自己身上的这种能力。我和在场的其他妈妈都为她鼓掌，这位妈妈脸上露出了羞涩的笑容。

我们已经是很棒的妈妈了

"我不是一个好妈妈。"

"我是一个非常差劲的妈妈。"

我们经常会沮丧地说出这样的话，而我却从这样的话里看到了不同寻常的力量。

　　我们总是想，怎样才能更好地呵护孩子，对自己要求非常高，导致因常常觉得自己做得不够好而感到沮丧。努力想要更好地呵护、爱护孩子，就意味着你想把更多的爱给他。换句话说，总是觉得自己不够好，其实就意味着你有一颗深爱着孩子的心。我们已经通过很多很多细微、琐碎的事情，无私地奉献了自己的爱。当看着额头上满是汗珠的孩子在用力吸奶时，我们顾及不到自己还没有痊愈的身体，会坐起来调整姿势让孩子更舒服地吸奶；当孩子不小心摔倒时，就算当时背着重重的包，我们也会抱着孩子，一路走回家；当孩子在自己的怀里睡着时，就算胳膊已经被压得发麻，我们还是会一直抱着孩子，让孩子睡得更舒服；当孩子半夜哭醒时，我们会硬睁着惺忪的双眼，给孩子喂奶或者冲奶粉；当孩子生病时，我们会担心得一夜都无法合眼。

　　当我们还没有生下宝宝时，我们哪会料到自己有一天会如此倾注全力，细心地去照料另一个人呢？在养育孩子的过程中，我们会经常惊讶于自身的力量。我们这份母爱的力量太过强大，不知不觉中，我们自然而然地成为散发着母爱光辉的妈妈。

　　但是这种力量并不是在一天之内就突然产生的，而是早就存在于我们身体里的。一定不要忘记那个怀着一颗不求任何回报、只希望孩子健康长大的心，倾尽全力细心照料孩子的自己。

爱是怎样来到我们身边的呢

在我小的时候，爸爸妈妈要出去工作挣钱。妈妈每天都是晚上6点钟才下班回到家。但是每天只要一回到家，妈妈连换衣服的工夫都没有，就急忙去洗手，一边问"是不是饿了呀"，一边给我们做饭。每天都眼巴巴望着妈妈回家的我，每当听到这句话，就格外开心。不知不觉，现在的我也成为一个妈妈，当意识到自己也是每天连衣服都来不及换，就给孩子们准备晚饭时，我忍不住落下泪来。回想起当年看到妈妈下班回家时的情景，既开心又心疼她的感觉就涌上心头。当年，每当看着结束了一天工作的妈妈，回到家还是没有时间休息，要继续照顾我们时，我都很想帮帮她。

这种感情就是爱。在大部分时间里，我们都过着匆匆忙忙的生活，以至于忘记了内心中闪现出的一些感情与想法。但是在我们的内心深处，有一份既坚韧又伟大的爱。这份爱，不论是在过去当你还是个孩子的时候，或是现在，或是将来，它一直会存在。直到你读完这本书的最后一瞬间都不要忘记，我们的美好，全部来自内心深处那份闪闪发光的爱。

这种爱的力量是什么时候开始存在的呢？是从父母那里学来的吗？还是从学校课堂中学来的呢？我们刚出生时这份

爱就在我们心里了吗？

在与很多人交流的过程中，我经常意识到我们内心深处爱的力量、奉献的力量，早在我们开始学习之前就存在于我们的身体中了。如果我们在能够滋养这份爱的成长环境中长大，那么这份力量就会越来越强大。但这并不妨碍我认为这份爱是我们与生俱来的力量。非常遗憾的是，很多人还没有清楚地意识到，也不相信这份深藏于我们内心深处的爱的力量。

迈克尔·托马塞洛曾在《我们为什么合作》一书中说道，人类从出生的那一刻起，就是"与生俱来的帮手"。托马塞洛说，想要帮助他人的心理是在父母对孩子进行社会化过程教育之前，具体在孩子14~18个月大的时候，就可以观察到的。而且他主张，父母对孩子的奖励与激励并不会促使孩子的这种行为发生。简言之，人类与生俱来就有着一颗不求回报地帮助他人的心。

下次当你带着孩子在小区里玩耍的时候，请细心观察孩子们之间是如何互相帮助的。你也可以问问学校里的老师们，是否有很多孩子都积极主动地想要去帮助老师。请你闭上眼睛回想一下，当你生病躺在床上时，把那双稚嫩的小手放在你额头上的孩子；请你闭上眼睛回想一下，当你伤心难过时，陪你一起哭，还安慰你不要难过的孩子。你是否能从孩子的这些身影中，看到当年也曾是孩子的自己呢？

我相信，正在读这本书的妈妈们，儿时肯定也有过很多类似的经历。在与很多人交流的过程中，我又了解到，人们是多么渴望去爱。其实，从我们出生的那一刻起，一颗充满爱的心就伴随着我们。这颗充满爱的心，自然而然地就会转化成分享、给予、互助的力量。

无私奉献是爱的延续

其实，当面对许许多多的人时，我们都能怀着一颗充满爱的心。对朋友、家人，甚至是初次见面的人，这颗充满爱的心都会一直跳动。当我们给老人让座时，并不是只有"应该（should）这么做"的义务之心促使我们这么做。面对社会上一些需要帮助的弱势群体时，我们会不由自主地伸出援手。我们会在寒冷的冬天向没有条件取暖的人送去煤炭，会向灾区的人民捐款；在新闻上看到正在经历苦痛灾难的人们时，我们会默默地为他们祈福。

真相就是，在我们内心深处的这份爱促使我们去帮助、援助他人。这其实是一种非常自然的现象，也像多米诺骨牌一样，会不断地传递下去。当充满爱的心在跳动时，我们知道，自己是世界上最幸福的人。正因如此，我们希望孩子也可以这样长大。在充满比较与竞争的社会中，我们常常无法感知到自己那份爱在发光发热，但在内心深处，我们一直热切地希望孩子可以成为一个懂得怎样去爱、怎样去帮助别人的人。

所以在日常生活中，我们总是想去教导孩子这样的道理。我也不例外，经常教导孩子要懂得给予，懂得去爱。但其实孩子们天生就具有这种能力。我们其实不用刻意地去给孩子们灌输这种思想，因为他们本身就具备这种爱护他人、帮助他人的力量。

　　"我有一个朋友曾经因一场事故，腿脚不便。在那三个月时间里，我每天帮他背书包，陪他一起去上学。因为那段经历，我跟他变成了形影不离的好朋友。"

　　"在我上大学的那段时间，每次我坐地铁的时候都能看见一位老奶奶在卖口香糖。每天我都会刻意攒一点零花钱，去老奶奶那里买最贵的口香糖。因为我觉得口香糖虽然在哪里都能买到，但是在最需要帮助的人那里买更好。后来不知道从什么时候开始，那位老奶奶就再也没有出来卖了，这让我担心了好一阵子。"

　　我们为什么会自发地做出这种行动呢？为什么即使是在没有人看着我们、也没有人要求我们这样做的情况下，帮助了别人就会收获无与伦比的喜悦呢？虽然我们无法时时刻刻帮助别人，但是人类的本能就是尽自己所能，给予别人温暖。因为在这样做的时候，我们会对自己的所作所为产生成就感，因而感到快乐，人类的本能就是要在生活中体现自己的价值。当我们在跟孩子们交流的时候也是如此。与其"强硬地灌输"，不如"传递价值"，这样交流就会轻松很多。

共鸣角

请你认认真真地感受那颗正在跳动的心。

无论是此时此刻当你在独自看这本书时，还是每当想起这件事情时，请你大声地对自己说：

◎ 在我成为妈妈之前，我就是一个无比珍贵的存在。
◎ 我无条件地爱着自己。
◎ 不论我的孩子是什么样子，我都无条件地爱他。
◎ 我爱着我身边的人。
◎ 我与生俱来就充满了爱的力量。

Mother's Diary

爱的恢复

我懂了。

就算我无法跟随内心爱的指示去行动，

那并不意味着我的心里没有爱。

就算我偶尔受伤，无法顾及身边，

那并不意味着我不想爱护身边的人。

当我牵着孩子的手，

我会用全身的力量去感知他的存在。

当我全神贯注地去观察孩子的一举一动时；

当我不顾及自己的需求，想尽一切办法解决对方的问题时；

就算没有人告诉我，我也深知，

爱的力量一直支撑着我，砥砺前行。

就算，

一些苦痛与难过暂时蒙蔽了我的双眼，

我也深知我内心那份无比强大的力量。

我要做的事情，

不是故意去创造一些本来就不存在的东西，
而是要去慢慢地恢复，恢复内心深处那份偶尔被我忽视的，
爱的力量。

我懂了，
我是一个美丽的存在，
同时也是一个无比珍贵的存在。
当如此美丽而又珍贵的我，成为一个妈妈时，
我也知道我可以用尽一切力量，
紧紧地拥抱我的孩子。

作为一个人，
而不是作为一个妈妈。
我是一个可以不遗余力地去爱，
也可以尽情享受被爱的，
美丽的存在。

02 此时此刻，是什么让你心累？
正确交流的障碍，对话模式

让孩子立刻行动起来的最简单办法，似乎便是让他感到害怕。在现在这个社会中，依然有非常多的人，经常利用孩子的这种"恐惧"心理。是因为那些父母不是好人吗？我想并不是。

我们为什么会经常伤害自己无比深爱的孩子呢？其实不单单是孩子。为什么我们在跟朋友、家人、同事们沟通时，会经常发生矛盾和口角呢？

人与人之间不由自主地产生矛盾并因此懊恼的原因之一，就是"自动浮现的想法"。其实，我也在领悟这件事情上花了很长时间。我们不间断地在跟对方说话，但是大多数时候说出来的话都是没有经过大脑思考的话。

自动浮现的想法往往是毁掉关系的罪魁祸首

作为白领的银雅妈妈平时会把自己六岁的女儿托付给住在附近的娘家。银雅的姥姥一大早就会来到家里，不仅帮银雅妈妈收拾上班，准备银雅的早饭，还包括送孩子上幼儿园，干家务活，就连晚饭也会帮忙准备好。银雅妈妈打心底里感激自己的母亲。

但是就在不久前，银雅跟爸爸妈妈一起度过周末时光时，一吃饭她就吵着要看电视。一旦开了电视，银雅就会把所有精力都放在电视上，而吃饭就只能靠妈妈一口一口地喂。如果妈妈把电视关了，孩子就会又吵又闹。因为每次都是这种情况，导致每个周末家里就会吵得天翻地覆。

后来有一天下班，银雅妈妈格外的累。她拖着疲惫的身体回到家，正好看见银雅在吃晚饭。但银雅并没有在厨房的饭桌上吃饭，而是在客厅里支了一个小桌子。银雅一边看电视，姥姥一边一口一口地喂着饭。

看到这样的场景，银雅妈妈无法遏制内心的怒火，向自己的妈妈喊道：

"妈！你怎么能在银雅吃饭的时候给她看电视呢！知不知道要从小让孩子养成在饭桌上吃饭的习惯呀！你知不知道这样只会让我越来越难呀？就因为你，孩子饭都不能好好吃了。你这叫帮我吗？"

银雅妈妈发完火就冲进房间哭了起来。

银雅的妈妈是一个不孝顺的女儿吗？是一个不合格的妈妈吗？其实并不是。

但是银雅的妈妈在说话之前并没有想清楚自己该如何正确地表达，脑子里面有什么话就口无遮拦地说了出来。

银雅妈妈下班回到家看见银雅跟姥姥坐在客厅里，边看电视边吃饭，并且银雅吃饭是靠姥姥一口一口喂的。看到这幅景象，银雅妈妈的脑海里就浮现出了这样的想法："银雅养成了一个非常不好的饮食习惯。是姥姥没有好好教孩子，要改掉银雅的这个习惯。"

这种自动浮现的想法促使我们下意识地去说话、去行动。我们时常大喊大叫，时常打孩子，时常让孩子哭，时常也让自己抑郁。这些都是因为在与双方进行对话之前，没有好好考虑清楚，或者没有选出恰当的话语去沟通，而只是把脑海里自动浮现的所有想法，在非常冲动的一瞬间，全都说了出来。

在同样的情况下，脑海里自动浮现的想法都是一样的吗？

并不是的。看到那幅景象之后，如果脑海里浮现的想法是："啊，幸好有我妈在。我刚还在想银雅要是没吃饭该怎么办呀？"说出来的就会是："我们银雅真乖，在乖乖吃饭呢。有姥姥在真是太放心了。妈，你辛苦了。"如果脑海里浮现的想法是："好饿，我也想吃点东西。"那么不论银雅有没有在看电视，银雅妈妈会说："妈，我也好饿，我也想吃东西。"然后坐在银雅旁边一起吃饭。

这种一瞬间自动浮现的想法会随着每个人、每种情况的不同而有所差异，是非常难预测的。所以在跟孩子交流的时候，妈妈们时常无法准备好即将要说出的话或者做出的行动，而是想到什么说什么。每当这种情况发生时，孩子们可能就会不知所措。

当认为自动浮现的想法"正确"时

有一次上课，我在讲以上事例时，一位妈妈问道：

"我的孩子经常不做作业，每当这时我脑海里浮现的这种想法是不是正确的呢？"

"什么样的想法？"

"'你又不做作业，看我怎么教训你。'这种想法会浮现在我的脑海中。因为不写作业是非常严重的问题，我认为，就算用教训的方法，也要把这个毛病改过来。"

"每当孩子没有做作业时，你会毫无例外地觉得是孩子的问题，所以很恼火，对吗？"

那位妈妈想了想，回答道：

"不是，倒也不是每次都这样。当我心情好的时候，我记得我没有那么生气。"

"当你心情好的时候，脑海里自动浮现的想法是什么样的呢？"

"那种情况下我的想法是'难免也会有不想写作业的时候

嘛。'‘是什么原因让他不愿意写作业呢？'‘我小的时候也经常这样。'"

是的。每当我们对话时，我们都会认为脑海里浮现的想法是正确的。因此就会认为"不写作业的行为是不好的，无论如何要给你改掉"这种想法就是对的，会觉得对方做错了，并且需要改正。一旦我们这样想，事情就会往"无法将对话进行下去"的方向发展下去。不论对话的对象是谁，同样的情况都会发生。

导致关系破裂的对话模式

外出之后回到家的妈妈来到孩子的房间里检查孩子做的作业。当妈妈看到外出之前叮嘱孩子要做完的习题册上没有一丝痕迹时，会想到"又没做完。他这样已经不是一次两次了，看来不教训是不行了"，"不能就这样放任他，就算狠狠地教训一番也要把这个坏习惯纠正过来"。

这些都是自动浮现的想法。

如果就这样固执地认为"自己是对的，而对方是错的"，那么两人之间的对话会往何种方向发展呢？

妈妈："你是不是又没做作业？你怎么这么不听话呢？你从来就没按时完成过！"——判断

孩子："我刚才正要做呢。"

妈妈："这孩子又要骗我？太不像话了。这长大了之后得变成什么样啊？"——指责

孩子："……"

妈妈："干嘛呢！还不赶紧进去把作业做完。你要是再不听话，一会儿就不让你跟小朋友出去玩了。"——强迫、威胁

孩子："知道了！"

妈妈："你对妈妈这是什么态度呀？你很了不起是不是？妈妈本来不想说这样的话，但我听说小俊数学一直都打一百分。你再看看你，什么事情都做不好。"——比较

孩子："为什么要拿我跟别人比较啊！我也有比小俊更擅长的东西。"

妈妈："你说说吧，你哪一点能赶上小俊？作为一个学生，好好学习，听妈妈的话不是理所当然的吗？这都是你应当做的。"——视为理所应当、义务化

孩子："知道了。我现在进去做不就好了吗？"

妈妈："你想想看，你如果按时做完了作业，妈妈是不是就不会说你了？你能不能少让妈妈操点心？我也不想对你大喊大叫，真的！"——合理化

脑海里自动浮现的想法种类：

判断 / 指责 / 强迫、威胁 / 比较 / 视为理所应当、义务化 / 合理化

我们与他人进行对话是为了能够建立一个更好的关系，但有些时候我们与别人对话时，经常会出现无法再将对话进行下去的情况。结果就是，我们会因自己的行为而感到难过、生气和委屈。对对方进行判断、指责、强迫、比较，把有些行为视作理所应当，并将自己说出的话进行合理化的原因就是，在做这些行为之前脑海里自动浮现出了想法。

到目前为止，大部分人对于该如何进行对话这一方面的认知都会存在偏差。我们常常可以看见身边的人无法按照自己心里想要的方式与他人进行沟通，却常在对话的过程中不断地指责、挖苦。因为我们从小就在这样的沟通环境中长大，所以当我们长大以后，我们也会不知不觉地以这种方式与孩子进行沟通。

修复关系的对话方法

但是，也有一些对话方式可以修复人与人之间的关系。尽管这需要投入大量的时间与精力，但学会如何更好地去沟通是一件非常值得做的事情，这会大大提高你的幸福感。为了学会修复关系的对话方法，第一阶段要做的事情就是放下你那颗不安、焦躁的心，然后去真正地了解自己、认识自己。"之前的我，原来是在以那种方法与人对话呀。怪不得我和对方都会受伤，都会难过。"只要你能够这样想，其实就足够了。接下来，请你好好地抚慰一下你那颗因后悔与自责而难过的心。

如果你能够意识到那只是脑海里自动浮现的想法，而不是你自己真正的意愿，那么，接下来你就可以慢慢开始进行实践修复关系的对话方法了。我认为我们可以运用马歇尔·B.罗森伯格博士所提倡的非暴力对话方法。为了开始尝试一系列能够修复关系的对话方法，首先你要仔细地观察一些具体的行为，然后针对你所观察到的行为表达正确的想法。接着，思考针对这些想法，你所产生的真正需求是什么。最后，练习如何将自己的需求表达给对方。

让我们回到银雅妈妈的例子，她认为银雅养成了一个不好的饮食习惯，责任全都在于姥姥，这种想法就是脑海里自动浮现的想法。如果她认识到了这只不过是脑海里自动浮现的想法，下一步就可以进行一系列对话，使自己与姥姥的关系被修复了。下面是一些例子。

看见银雅一边看电视，姥姥一边在给银雅喂饭。——观察
看见这一情景之后，开始担心银雅会养成不好的饮食习惯。——想法
希望姥姥可以帮助银雅养成在餐桌上吃饭的习惯。——需求
向姥姥表达自己的想法，并嘱咐姥姥下一次要让银雅明白只有好好吃完饭，才可以看自己喜欢的电视节目这一道理。向姥姥嘱咐，如果第一次的时候银雅拒绝坐在饭桌上吃饭，可以跟银雅说清楚虽然电视只能在吃完饭之后看，但是

允许她吃饭的时候拿着自己喜欢的玩具。——表达需求

　　针对这些具体的对话方式，我会在后续"与自己对话"这一章节中，分阶段进行解释。当然，刚开始就达到以上水平是有难度的；也会存在刚开始尝试的时候很顺利，但后续就进行不下去的情况。但只要你能够清楚地意识到有些想法只是自动浮现在你的脑海里，意识到一些不好的对话模式可能会阻断你与对方的对话，想要改善这种情况并为之而努力的话，情况就一定会慢慢变好。没关系的，让我们一步一步地一起学习吧。

共鸣角

　　想一想平时你脑海里一些自动浮现的想法。
　　给它们起个名字吧。

　　判断／指责／强迫／威胁／比较／视为理所应当／义务化／合理化

　　告诉自己，这只是脑海里一些自动浮现的想法，而不是你的真心。

03 对于自己，你了解多少呢？

乔哈里视窗

为了能与他人建立良好的关系，为了成为能够与孩子建立良好感情的妈妈，为了能够与朋友、重要的人维持高质量的关系，什么才是最重要的呢？

约瑟夫和哈灵顿两位心理学家在"乔哈里视窗"这一理论中说到，把人际关系分为四个领域，如能将之灵活运用的话，就可以与他人建立良好的关系。四个领域分别如下：

1. 自己知道、别人也知道的信息——开放区
2. 自己不知道、别人却可能知道的盲点——盲点区
3. 自己知道、别人却可能不知道的秘密——隐藏区
4. 自己和别人都不知道的信息——未知区

乔哈里视窗

	自己知道	自己不知道
别人知道	开放区	盲点区
别人不知道	隐藏区	未知区

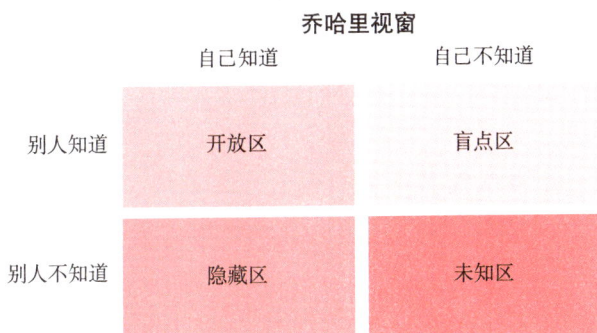

我知道的情况，对方也知道的 开放区——Open area

乔哈里视窗中第一个窗是自己与对方都知道的情况，被叫作"开放区"，即 Open area。两位心理学家称，人们在不断扩展开放区的情况下，就可以建立良好的人际关系。

当我给妈妈们上对话练习课程时，刚开始因为都不认识对方，所以会感到比较尴尬，也没有眼神交流。但是经过自我介绍的环节，大家意识到我们都是妈妈，孩子们的年龄也都差不多，妈妈们就会开始变得亲密。课间休息时，妈妈们还会共享信息，下一次见面的时候甚至还会互相交换礼物。她们会努力维持一个比较好的关系，避免做一些对方不喜欢的事。

在了解双方好恶的过程中，随着对对方理解的加深，我们可以更好地避免矛盾的产生，就算产生了矛盾也可以非常容易地解决。但是在双方加深了解的过程里，可能也会伴随着痛苦。有一次当我在一个企业讲课时，一位男士说了这样一件事。

在一个非常炎热的夏季雨天，妻子给我打来一个电话，让我回家时买一点雪糕。在下班的路上，我去了趟超市，超市冰柜里有"Babbiko"和"Bongda"两种冰棒，于是我买了一袋子回家。

当我回到家把冰棒袋子交给妻子之后，就回到房间换衣服了。换完衣服回到客厅看见妻子把所有冰棒都倒了出来，并生气地看着我。我问妻子："你怎么不吃呢？"

"我不是让你买雪糕吗？这些分明都是冰棒嘛！"

那时，我才了解到妻子的意思，并问道："对不起呀，我重新去给你买一些回来吧？"

而妻子愤怒地答道："现在是雪糕的问题吗？你怎么会不知道我不吃冰棒呢？我们在一起生活11年了，你怎么能连这个都不清楚呀？"

我连忙再次向妻子道了歉，然后说了一件事情，才顺利地渡过了一场"危机"。

"老婆，上次我生日的时候你不是给我做了一道炒茄子吗？我其实是不吃茄子的，从来都不吃。你当时也不知道我不吃茄子啊。"

妻子很惊讶地说："老公你不吃茄子吗？"

然后我们俩笑了笑，事情就这么过去了。

在了解对方的过程中，会不可避免地发生类似的争执。故事里的男士以后再也不会买妻子从来不吃的冰棒了。这就是为什么对彼此了解得越深，就越能更好地避免矛盾。

就算是自己亲生的孩子也是如此。因为人与生俱来就有着独一无二的特质，如果理所应当地认为孩子跟自己一样的话，就不可避免地会产生矛盾，所以要通过对话与经验慢慢地了解对方。了解得越深，双方的关系就越会往好的方向发展。

我不知道而对方却知道的盲点区——Blind area

记得有一次，我跟儿子起了些争执，儿子说道："妈，你知道你很固执吗？你从来都不会听取别人的意见，只会按照自己的意愿去做事情！"听了这番话，我感到非常委屈。其实儿子是在争辩"没人能理解你那不可理喻的想法"，而这一点让我更加委屈。有一次我最要好的朋友跟我说："你每次说话的时候态度都挺好的，但好像只要是你认为对的事，谁的话你都听不进去，特别特别倔。"

正在读这本书的各位，你们是否也有自己不愿承认，却每每会展示给对方的样子呢？

我不止一次地从身边最信赖、最亲近的人口中得到这样的评价，现在我也会承认自己确实有这样的一面。回想起当我跟最信赖、最亲近的人在一起时的一举一动，羞愧之情就会涌上来。

每个人都需要从其他人口中了解他人眼中的自己，这其实是个非常艰难的过程。当听到他人的评价时，多数人会认为这是对自己的指责，会比较抗拒。当别人早已看透我，自己却还不知道自己真实的样子时，这种情况就叫作"盲点区（Blind area）"。

闭着眼睛想象一下，你看不见任何东西，别人正注视着现在的你，你肯定会觉得不太舒服。虽然平时的我们装作对自己了如指掌，但依旧非常有必要认真倾听一下别人对我们诚恳的评价，因为这也是一种拓宽开放区、维持健康关系的方法。

我知道，别人却不太了解的
隐藏区——Hidden area

有一对初次见面的男女，双方所了解到的信息就只有彼此的学校、职场、住所等。除此之外，他们对彼此一无所知。双方见面后说了很多话。

"我喜欢韩餐。虽然我从小生活在美国，但每次妈妈从韩国来美国时就会带过来好吃的泡菜与先农汤，当时觉得真的好好吃啊。之后每当回到韩国我都会吃泡菜，喝先农汤，到现在我也非常喜欢这些东西。"

"是嘛，我从来没有去过美国，每次电影里出来纽约的场景时，我都会好奇纽约到底是什么样子，而且还想去中央公园散散步，有机会真想去一趟美国呀。"

"那哪次你来美国的时候联系我吧，我可以带你转转。"

现在双方对彼此都加深了一点了解。他们是怎么做到的呢？因为他们向彼此讲述了有关自己的事情。在人际关系中，第三个领域便是我所知道而对方不知道的部分——隐藏区。就算是非常亲近的两个人，如果两人之间没有交流的话，也会对彼此感到特别陌生。妈妈在面对孩子时也是同样的情况。我们常常不向别人讲述有关自己的故事，却又要求他人对自己了如指掌。所以在这种情况下，如果感觉到他人不够懂自己，就会发生矛盾，甚至断绝关系。

我也曾因上述原因与我非常珍惜的人断绝过关系。回头想一想，貌似当时的我认为向对方阐述自己是一件非常难为情、非常畏惧的事情。或许是因为儿时的我曾经历过一些不太好的事情，所以会有顾虑："如果我把这些事情告诉对方，那他会不会嘲笑我呢？"我常常不太敢敞开心扉，但是仔细想一想，又感觉在内心深处，自己是希望向别人敞开心扉，也希望对方了解自己的。在之后的对话训练课程里，我意识到其实在大部分情况下，人们是希望向别人敞开自己、讲述有关自己的故事的。如果没有畏惧、担忧之情，人们是非常愿意这样做的。

我与对方都不知道的
未知区——Unknown area

好像大多数人都不太了解自己最真实的样子。"未知（unknown），"意为我与对方都不知道，乔哈里视窗中的这一部分似乎是存在于跨越真实世界的另一面当中的。就算我们不去了解这一部分，也可以做到把人际关系中的其他三个部分了解透彻，并为了拓宽这些部分而努力。但我认为，承认我们具有自己不太熟悉的那一面，能够让自己变得更加谦逊。

我们对自己又了解多少呢？我们是充分了解并接纳自己吗？我们给了他人充分了解自己的机会吗？为了拓宽乔哈里视窗中的"开放区"，又需要进行多少对话？在此过程中，我们又需要付出多少努力、学习多少方法呢？

我常常想，如果我们能够诚实地敞开自己的心扉，共同学习、共同努力，我们肯定可以做到。作为一位妈妈，我认为这也是必须经历的一个过程。

在"朴宰莲的共鸣角"（mom's radio）节目中，与我共事的金泰恩代表曾说过这样的话："不断地拓宽乔哈里视窗，就像是在进行对话竞赛。这种竞赛需要我们不断地训练，通过一个个障碍物、透过一个个窗口去与人产生共鸣，进行对话。"如果是一个人孤军奋战可能会感到吃力，但如果是我们大家一起努力，那么一切皆有可能。

共鸣角

现在请你想一想，
自己最想要了解、最爱的那个人。
让我们来练习一下如何让我们的关系向 Open area 扩展。

他知道你最喜欢的东西是什么吗？ ——我的 Hidden area
你知道他最喜欢的东西是什么吗？ ——对方的 Hidden area
你们有没有为了避免让对方讨厌而做过努力呢？ ——彼此
的 Hidden area
当他讲述对你的看法时，你有没有认真倾听呢？ ——我的
Blind area
你是否诚实地向对方敞开了心扉呢？ ——我的 Hidden area

找个时间跟好朋友坐下来喝杯茶吧！
试一试聊聊以上五个问题如何？
也许你们对彼此的了解会更加深入。

04 从父母那里受过伤吗?

从父母的伤害中走出来

在讲课或咨询的过程中,我会遇到很多从事不同职业的人士,有白领、医生、检察官、学生、教授等,数也数不过来。虽然她们都是形形色色的人,但每个人参加对话训练时都要面对过去的自己。让人意外的是,很多人都把过去父母对自己造成的伤害深埋在心里,无法从中走出来。每个人能够成为现在的自己往往都有过去的历史因素参与其中,但人们往往又是在还没有理清或直面这些历史因素的情况下就长大成人了。当这样子的我们成为父母,就会有一些让人不知所措的事情发生,甚至我们还会做出令作为父母的自己后悔的事情。

隐藏并不代表克服

因从事抚慰人们内心的工作,我经常直接或间接地目睹与听闻虐童事件。作为常接触这些事情的人，我时常感到非常痛心，也感到责任重大。我希望那些把自己伪装成拥有幸福童年，事实上却受到过虐待的妈妈，能够认认真真地读完这一章。

正如我在广播里或课程中讲过的那样，自小时候父母离婚以后，我就是在挨打中长大的。我的父亲目前还健在，但我仍然坚持把这件事情说出来，原因就是希望通过这种方式，能让更多与我经历类似的人从阴霾当中走出来。

在我上小学的时候，我的父亲经常打我。他打我没有特别的原因，我也一直不能理解他这种暴力行为。有一次，父亲又打了我，后来我趁他不注意逃了出去。我跑到公共电话亭给妈妈打了电话，但妈妈说没有办法来见我，让我回家，然后就挂了电话。在那种情况下，只能选择回家的我心中充满了愤怒与挫败感。当时我脑海里唯一的想法就是，这个世界上没有一个人能够让我相信。而我，只能怀着这种被扭曲了的信念长大成人。

因父母的离异与母爱的缺失给我带来的恐惧与不安，我甚至常常会尿床，但那不足以成为我被打的理由。更准确地说，不论在什么情况下，都不应该存在虐待孩子的理由。但我的父亲不但没有安慰因父母离异而感到不安的我，反而对我施暴。父母再婚后，事情也没有发生好转。我的继母不但对父亲对我施暴这件事情置之不理，有时还纵容这种事情发生。

也许，如今看到这篇文章的二老会感到难过甚至不愿承认，但任何事情都无法改变二老是虐待儿童的加害者。数十年来，儿时痛苦的回忆一直在不断地纠缠着我，这些事情在我心里留下了深深的伤疤，一直无法愈合。我写这篇文章并不是为了指责我的父母，情况恰恰相反，因为当我试图否认或隐藏这些事实的时候，我打心底里是非常憎恶我的父母的。我相信坦白的力量，也相信坦白带来的恢复的力量。我知道在我把从父母那里受到的伤害展现出来的过程中，我能够理解父母当时的情况与心情。

在心理咨询的过程中，我经常看见很多人试图隐藏小时候的那份伤痛。因为人们害怕将那份伤痛重新回忆一遍，但越是伪装成坚强的样子，人就会变得越脆弱。我太了解那种难过的感觉，所以我从来不强迫或催促他们去回忆以前的伤痛。但是，当有人勇敢地向我坦白自己的伤痛时，我会小心翼翼地问一句：

"现在回忆起这些事情，你仍旧感到非常痛苦吗？"

痛苦值得回顾。

真正的痛苦是带着这些痛苦成为父母

我一边掩盖着儿时的伤口，一边在别人面前装作很爱父母的样子，可在某一天，我也成为一个妈妈。面对儿子，我有过许许多多的失误。我时常无法克制住自己的情绪，做出了一些言行不一的行为，这对于需要情绪稳定的孩子来说是无法接受的。

"他真是不打不行。"

这种将暴力合理化的行为是从哪里来的呢？也许是因为，为了掩盖自己的伤口，我对当年父母对我施暴的行为产生了这种想法："当时父母这样做也许有一定原因，而我也应该被打。"接下来，这种想法成为我对孩子产生的"他这种行为就应该被打"这一想法的根源。

如果你是父母，请你认真思考一下自己对孩子做出的言行是平和的还是充满暴力的。

令人惊讶的是，虐待孩子的父母从来都不会将自己做出的暴力行为定义为虐待。因为谁都不想背上负罪感。打了第一次之后，接下来就会认为孩子不打就不会听话。暴力行为是会上瘾的。有了第一次，就会有第二次，刚开始的时候只是轻轻地打，到后来会越来越用力。更可怕的是，不论是施暴者还是被害者，他们都会慢慢地习惯和纵容诸如此类的暴力行为。所以无论如何，最重要的一点是戒除暴力。

想要戒除暴力，就必须正视自己小时候因父母的暴力行为而受到的伤害，并承认自己受到了无理的对待。没有任何借口能成为我们应该承受暴力的理由。如果在成长的过程中，你曾受到过伤害，你曾是暴力行为中的被害者，那么你非常有必要正视这段过往并为此进行哀悼。

　　几年前，我曾在保育院向职员与领养父母提供无偿教育咨询。有一年冬天，保育院举办了一场音乐活动。看着孩子们在舞台上开心地合唱，我竟然因感到悲伤而失声痛哭起来。舞台上的孩子们穿着漂亮的衣服，为大家唱着动听的歌。而在我眼中，自己却变成一个穿着破旧衣服的孩子孤零零地站在舞台上，那个孩子是儿时的我。

　　我感觉到自己其实还没有完全释怀当年所承受的痛苦，我在心里小声地叫了叫舞台上那个孤零零的孩子："没关系，过来吧。"现在的我已经成为一个健康的成年人，我抱了抱儿时的我，好好地安抚了一下她。我努力把儿时想要得到却没有得到的爱，还给现在正在长大的孩子们。任何一个人都是因爱而生并渴望得到爱，也有被爱的资格的。每当回想起我小时候所经历过的事情，我都会放任自己的悲伤，允许自己流下眼泪。当一个孩子受到虐待时，虽然他从内心深处是渴望得到爱的，却可能认为自己没有被爱的资格，这才是真正的悲剧。我希望每一个成人与孩子都能够明白，虽然我们生来无法选择自己的父母，但每个人都是为了得到爱的滋养才来到这个世界的。我希望每一位曾经受到过虐待的爸爸妈妈都能够明白，任何一次虐待发生的根源不在于自己，而是因为我们的父母、老师或者监护人没有能力去充分表达他们自己的内心。

我希望成人与孩子都能够明白，
虽然我们生来无法选择自己的父母，
但每个人都是为了得到爱的滋养才来到这个世界的。

滋养孩子成长的力量不是暴力，而是爱

每当我问道"你希望自己的孩子变成什么样子"的时候，大部分父母都会回答，希望自己的孩子内心充满爱，懂得互助，具备领导力。

为了让孩子能够往这些方面发展，首先，父母要给予孩子足够的爱。不论是爱还是暴力，幼小的孩子们都还没有能力对其进行过滤、辨别，只会全盘接受并学习。因此，一定要保证让孩子们吸收爱的养分。为了做到这一点，父母需要坦白地承认，我们可能曾对孩子有过虐待行为，不论是通过言语还是行动。也许，对孩子的打骂程度不及上一代对自己当年的暴力行为，但归根结底，性质都是一样的。据调查，虐待儿童的人中有 80% 是亲生父母。只有坦然地承认自己对孩子的种种暴力行为，才能更好地遏制这种行为的发生。如果不断将自己的暴力行为合理化，那么便很难再找到其他遏制暴力行为的方法。

孩子会从与父母的关系中学到非常多的东西。孩子的世界观可能就会在这段关系里逐渐形成，还包括如何跟朋友们相处等。在孩子的成长过程中，并不是说爸爸和妈妈中的任何一方都不能缺席。不论是有父母的完整家庭还是单亲家庭，又或是未婚妈妈家庭还是祖父母家庭，监护人的数量并不能决定一个孩子成长环境的质量。在与孩子的关系中，要

尽可能地让孩子感觉到什么是爱。希望你能够懂得，并且行动起来。

暴力永远都不会是一种爱的手段。这会在孩子心里种下一颗颗毒蘑菇，而不是美丽的花朵。这一颗颗毒蘑菇会在孩子心里逐渐生长，并且会对孩子未来的人际关系产生非常不好的影响。曾经历过父母暴力行为的家长们肯定了解其中的危害性。当年的我们是以何种心态去听父母们的话的呢？我想，或许单单只是因为"恐惧"。

请你记住当时的恐惧与委屈，并牢牢记住当年的你真正需要的是什么样的父母。只有这样，当年自己所经历过的悲剧才不会在孩子们的身上重新上演，才不会给孩子们只有一次的童年蒙上阴影。经历过伤痛的我们，一定能够更好地了解孩子们的心，也能够给予孩子们一个不一样的童年。记住曾经受过的伤痛，也因着这些伤痛，我们能够成为比任何人都更加沉着、更加冷静的父母。

我也希望读这本书的妈妈们能够从曾经的伤痛中走出来。坚信自己具有自愈能力是非常重要的，在这样的信念支持下，我们可以自然而然地将这些伤痛化作一个个普通的故事。我为这个世界上所有的妈妈们、曾经受过伤的妈妈们加油，你们都辛苦了。

共鸣角

回想一下儿时的你想要父母以何种方式爱你呢？

◎ 面对种种挫折，感到沮丧时的心情。
◎ 不论是什么样的情绪，都想要被接纳。
◎ 请以当年自己想要的方式，好好地爱一下自己。

05 想成为不发火的妈妈吗？

探索愤怒情绪的本质

作为妈妈，你肯定会常常惊讶于自己身体里的另一个自己。你肯定不会想到原来自己还有如此不堪的一面，原来自己也有这样的勇气，原来自己竟是这样的人。伴随着惊讶而出现的一系列情绪有时会拉近你与孩子的距离，有时也会使你们的关系变得疏远。

摧毁我们关系的情绪——愤怒

常常使作为妈妈的我们感到崩溃的情绪有很多，第一个就是愤怒。在非常生气的情况下，即使心里认为应该与对方坐下来好好沟通，却常常事与愿违，于是我们无法克制住自己的情绪，会把所有的怒火都发泄出来。紧接着就是愤怒过后的负罪感，因担心对方会疏远自己而产生的恐惧与不安，再就是自责与忧郁。这种忧郁的感觉会影响与对方的关系，随之而来的就是羞耻心与自卑感。

开始对话 ➡ 愤怒 ➡ 负罪感 ➡ 因担心对方疏远自己而产生的恐惧与不安 ➡ 自责、忧郁 ➡ 羞耻心、自卑感

其实这种情绪本身并不一定是不好的。越是想要消除这种情绪，反而会越使人疲倦。人们常常为了消除并忘记这种情绪而试图做很多事情，例如借酒浇愁、逛街购物、沉迷于追剧，等等。也有些人把这些负面情绪转化为食欲，进而通过不停地吃东西来消除这种情绪。当我们在做以上这些事情时，关键是要意识到自己的异常行为，并去了解做这些事情背后的真正原因。

我们真的无法控制住愤怒的情绪吗？

在人们感到非常生气时，常常会随意表达自己的情绪。
"我真的生气了！都是因为你！全部都是因为你！"
"你连这件事情都办不好吗？"
"如果你没那么做的话，我也不至于会这样！"
请你回想一下因生气而随意对别人说的话。令你感到生气的那个人是谁？当时是什么样的情况？你跟他是什么样的关系？你与对方谁比较强势？当对方分别为没有你强势的

人、比你强势的人、你所害怕的人三种情况时，你分别体验到的情绪之间有何差异呢？

我目睹过很多妈妈在与孩子独处时和与很多人共处时，面对同样的事情会做出不一样的反应。参加我的对话训练的妈妈们也都承认这一点。在人多的场合她们一般都能很好地控制住自己的情绪，但是跟孩子单独在一起时就无法做到这一点。越是认为自己没有能力控制住自己的情绪，就越容易情绪失控。人们往往在自己比较畏惧的人面前或是有很多旁观者时，会刻意地去控制自己。然而跟比较好欺负的人或在安全的场合时，就不会想着去克制情绪，所以我们会对家人发火。在生气的时候我们会这样想：

"就是因为你我才会生气。你让我抓狂，还无视我。"

如果先去改变一下这种想法，或许就可以说出不一样的话，做出不一样的举动。

"是的，我生气了。我现在所感知到的情绪是愤怒。"

虽然看起来以上两种都是面对愤怒情绪时的想法，但在处理愤怒情绪的方式上却有着很大的区别。

如果说第一种想法把自身与愤怒这种情绪视为一体，并将愤怒的原因归结于对方的话，那么第二种想法便是把自身与愤怒进行了分离，并认为自己正拥有愤怒这种情绪。确切地说，是自己身体的某一部分正拥有愤怒这一情绪。下面一小则故事可以说明这个道理。

　　有一次在家门口我冲孩子发了火。因为孩子总是丢三落四，出门前孩子又忘了拿要用的物品。如果他没有忘记而是自己提前准备好的话，我也不至于生气。这已经不是一次两次了，所以我只能发火。我一边冲孩子喊道："你就不能每次都记得拿吗？"然后一边为了让孩子快点出去就开了门。就在这时，我跟对门的女士对视了一眼。她向我点了点头，我也不自觉地微笑着向她点了点头，然后温柔地嘱咐了孩子一句，就让他上学去了。关上门后，我想起了上对话训练课时，我们曾说过的话。

　　是的，我是能够控制愤怒这一情绪的，只是不想去控制罢了。在那一瞬间，我意识到相信自己能够控制好愤怒情绪对我来说是多么重要。那一天，孩子放学回来后我向他道了歉。每次发完火之后我都会感到后悔，并下定决心以后再也不会了。但我还是没有信心。

愤怒向我们传达的三种信号

　　首先，判断自己是否能够有效控制愤怒情绪是非常重要的事情。

假设你正在对孩子发火，这时老师打来了电话。刚才还在发火的你肯定会用温柔的态度接电话，并说道："喂，您好。"如果老师在电话里表扬了你的孩子，那么挂了电话之后你会如何对待孩子呢？如果老师在电话里批评了你的孩子，挂了电话的你又会如何对待孩子呢？是会继续对孩子发火呢，还是会转变态度呢？

接电话之前，你或许不想去相信自己具备控制愤怒情绪的能力。但不得不承认，如果接到的是老师表扬孩子的电话，那么放下电话的你，一定不会再继续生气了。虽然不久前你还认为自己无法控制愤怒情绪，但不得不承认，怒火已经被压下去了，态度也已发生了改变。所以，任何一个人都能转变想法，控制住愤怒情绪。

你可能认为自己无法控制愤怒情绪，但事实却表明你只是不想去控制。换句话说，面对愤怒，并不是要考虑如何去控制的问题，而是要考虑如何去处理对待的问题。要用爱去对待愤怒情绪，如果做不到便会囿于愤怒本身。记住，愤怒是我们能够去好好对待并处理的一种宝贵情绪。

信号 1：想要把生气的原因归结于对方
信号 2：事情没有往自己预想的方向发展
信号 3：可能会做出让自己后悔的事情

记住这三个信号非常重要。

前不久，我看见一则新闻报道说，居住在仁川的一位妈妈因离婚之后非常生气，就向孩子泼了滚烫的水，导致孩子全身二级烧伤。这一行为表明这位妈妈把自己的愤怒情绪全部宣泄在了孩子身上。越是想要将愤怒情绪归结于别人的人，就会变得越暴力，最终走向歇斯底里的境地。这就是为什么妈妈们要学会如何对待自己的愤怒。生气的时候一定要好好审视自己，只有这样才能想出其他能够处理好愤怒的方法。

了解隐藏于愤怒情绪深处的其他情绪

怎样才能妥善处理愤怒情绪呢？方法之一就是将自己从固执己见中释放出来。我们需要宽待自己。

"孩子的饭菜一定要由妈妈去准备。"

"家里一定要保持干净整洁。"

"吵架是不好的。"

越是这样强行要求自己，我们对别人的期待值就会越高。出去下一顿馆子没什么大不了的；如果实在感觉太累的话，可以不强迫自己做饭，没关系的。首先要宽待自己，不要固执己见，这样就会自然而然地宽容孩子，减少发火的次数。孩子本来就是在失误中去经历、去成长、去学习的。这也是孩子们的权利。

只要稍微对自己宽容一点，就能更好地理解自己的感情与情绪。

其实有些时候愤怒并不是真正的愤怒，而是担忧的另一种表现形式。愤怒可能只是因为想要帮助孩子改掉丢三落四的习惯而感到担忧的情绪；也可能只是因为不想让孩子挑食，希望他能均衡饮食并健康长大而已；也许只是在自己特别疲惫时，希望孩子能够安安静静地待在自己身边。打开愤怒情绪这一包裹，你能发现里面装着许许多多复杂而又细腻的其他情绪。遗憾、委屈、伤心、担忧、不安、沮丧、无力、疲惫、害怕……愤怒的原因并不在于对方，而是在于当时自己的需求没有得到满足。因此，不要强行控制愤怒情绪或将其全部发泄给对方。正确的方法是仔细地观察这种情绪，并了解当时自己的需求为何没有被满足。如果是因为孩子在旁边吵闹而无法好好休息的话，就对孩子说妈妈需要休息，并嘱咐他安静地待一会儿，寻求孩子的协助。如果孩子知道妈妈真的很累，需要休息一小会儿，那么孩子一定会尽力帮助妈妈的。

跟随在愤怒之后的感情——负罪感

每当妈妈们在我面前忏悔自己的行为时，我就会想起我面对儿子时的种种行为，因而感到非常难过。在我与丈夫分居的时候，儿子常常会在半夜醒来，因为孩子当时也在经历情绪上的不安。但是，当时的我因自己的不安而根本无法顾及儿子正在经历的不安。所以每当儿子半夜睡醒而大哭的时候，我都会愤怒地向他大声喊道："不许哭！都是因为你，妈妈连睡都睡不好！"

有时我特别希望能穿越到过去，我想回到过去成为一个"聪明"的妈妈，我想回到过去成为一个能够好好控制自己愤怒情绪的妈妈。但时间不会倒流，这让我时常沉溺于无法抑制的负罪感之中。

负罪感的第一层含义：
在人与人共存的环境中产生的实际性负罪感

负罪感具有两层含义。第一种就是实际存在的真实负罪感。

如果在大街上不小心撞倒了一个陌生人，这时我们会怎么做呢？肯定会马上跑过去把他扶起来，并说："对不起，您还好吗？是我太不小心了。"如果这时对方回应说"长没长眼睛啊？怎么这么不小心？！"，那他肯定是故意想要吵架，然后回去还会跟其他人说"我今天在大街上遇到了个疯子"。

在生活中，如果我们不小心给别人添了麻烦或者造成了损失，我们有义务为此负责并解决这件事情。如果有一天自己的孩子打了其他小朋友，就算不是我们做出来的事情，我们还是会找到被打的小朋友的父母并向他们道歉，尽力去解决这个问题。如果不这样做就会给自己的孩子造成负面影响，还会影响孩子的人际关系。这就是实际性负罪感。这种负罪感是在我们成为一个正直人的道路上，乃至在这个人与人共存的社会中不可或缺的情感。

负罪感的第二层含义：

折磨自己，对人际关系无益的神经性负罪感

我们常常会掉进无限循环的负罪感旋涡之中。在结识许多妈妈以及回头看自己的过程中，我发现了这种神经性负罪感的存在。

"对不起，我错了，都是我造成的。"

如果不论对方说了多少次"没关系"，第二天还是会沉溺于"对不起"这种负罪感之中的话，那么对自己、对这段关系其实都是无益的。这种神经性负罪感只会让自己越来越疲惫。

有一次，我在笔记本电脑里偶然发现了儿子 5 岁时用录音笔录下来的音频文件。因为那时是我人生中最痛心难过的时期，所以我犹豫要不要打开。踌躇了一会儿，我还是打开了，那是一段我与儿子的对话。

"妈妈的名字是朴宰莲，我的名字是金 **，我的妈妈很漂亮。"

在听到儿子声音的一瞬间，我就把音频关掉了，眼泪止不住地流下来，我没办法继续听下去。我不明白听到如此可爱的儿子的声音时，我怎么会这么难过。仔细想了一会儿后，我明白了，原来是我不想回忆那段使我痛心难过的时期。当时因自己非常难过，我没有好好地照顾到儿子的情绪，反而还随意地对待他，我是因那段时期对儿子的愧疚感而不想再回忆那段过往。其实倒不是每一件事都做错了，但总感觉自己像是做错了所有事一样。

因为了解到自己时常还会有这种神经性负罪感，所以我也意识到了自己作为妈妈的不足之处。过多的负罪感会蒙蔽当时所有幸福快乐的回忆，比如说音频里那段弥足珍贵的回忆。

在对话训练课上，妈妈们经常会因"不想回忆我对孩子曾经做错的事情""因为太愧疚了所以非常痛心"等想法而只讲述自己是如何对孩子好的。这种反应表明，在内心深处我们害怕自己会讨厌自己。如果过于内疚，我们就会感觉自己是个坏人，是个不合格的妈妈。这就是那些妈妈不想回忆的原因吧。

如何聪明地对待负罪感

在人生中，怎么可能一次负罪感都感觉不到呢？尤其作为妈妈，我们哪里会对孩子没有一丝丝的负罪感呢？我想，没有妈妈会是这样。

因为无论是谁，成为妈妈以后就会想把世界上最好的东西都给自己的孩子。但是我们没有足够的经济实力或者不具备如此完美的人格，经常会觉得对孩子不够好或者做出了一些不成熟的举动，所以我们一直心存愧疚。如果用心去观察这种负罪感，其实不难发现这都是因为我们太想把所有好的东西都给孩子而产生的心理。所以作为妈妈，这种负罪感是美丽的，也是充满人情味儿的。

那么，我们该怎样处理好这些负罪感呢？我们需要从神经性负罪感中将自己释放出来，而面对实际性负罪感，我们需要去好好地反思。如果真的做错了就应该道歉，并思考该怎么面对孩子。如果没有好好区分这两种负罪感就陷入无限循环的愧疚旋涡里，那么我们面对的将是自己的义务感与抵触情绪，这无益于与对方的关系和沟通。

世界上没有十全十美的父母，这一点我们都清楚。我们要做的不是成为完美的父母，而是成为不懈努力的父母。

共鸣角

请对自己说。

◎感到生气的时候，请对自己说："因为事情没有按照我的预想发展下去，所以我感到难过。"
◎感到内疚的时候，请对自己说："内疚是因为我总想要对孩子更好。"

通过这种与自己对话的方式，我们可以了解愤怒与负罪感向我们传达的信号。

Mother's Diary

在无法承受的感情面前

我常常会被击倒。

在我深爱的孩子面前，

我曾无法以自己想要的方式面对他，

我时常比我的孩子还幼稚，

有时又像一个可怕的怪兽。

在对所有事情都感到不满意的时候，

我无视了自己的孩子，

只沉浸在自己的思绪中，

回过头我又会百般后悔，指责自己。

我曾不懂得如何处理自己的感情，

也不懂得要以何种方式对待过去的自己，

就这样，

在没有好好处理也没有好好对待的时间里，

我任由自己的人生继续进行下去。

是那片我含着泪看见的天空唤醒了我吗？

是孩子那天真烂漫的微笑唤醒了我吗？

是孩子那熟睡时的呼吸声唤醒了我吗？

我决定，
将我所有的感情都视作我活着的证据，
也许我会伤心，
也许我会不安，
也许我会愤怒，
但这些都因我是真真切切活在这个世界上的人，
我将把这些自然而然流露出的感情，
原封不动地全盘接受。

在那一瞬间，
我懂了，
孩子突然的哭喊声，
我那不可理喻的坏脾气，
还有毫无理由的沮丧，
这一切都终将过去。

我现在才明白，
原本以为自己无法承受的感情，
全部都只是像风一样的过客，
轻轻吹过我的脸庞之后，
就会远去。
不久的将来，
那阵风同样也会轻轻拂过孩子的脸庞。

06 帮助你与孩子建立新关系的 工具——"与自己对话"

如果有一天，我们与过去的伤痛和解，接受现实中的自己并承认自己的懦弱，会发生什么事情呢？在大多数情况下，如果能坦诚地接受过去受过的伤、承受过的苦痛并坦然面对心中的伤口与难过，人是可以从这些情绪中慢慢恢复的。有时还会产生热情，虽然不至于让人感到欣喜若狂，但是淡淡的、稍沉重的好奇心会涌上来。

一个人越纠结于自己无法改变的事实，就越摆脱不掉痛苦。同理，越是要强硬地改变对方，痛苦就会越深重。先去做一些力所能及的事情吧，比如说改变自己。妈妈的这种努力会对自己与孩子的关系产生非常重要的影响。

有一次，在我的对话训练课中，有一位妈妈哭了很久之后叹息着说道："我以后要怎样去跟孩子建立关系呢？我要怎么做才能弥补我过去对孩子造成的伤害？现在开始努力还来得及吗？孩子还会喜欢我吗？他之前可是最喜欢我的。"

如果可以的话，请你暂时合上这本书，试着闭上眼睛做深呼吸。请你停止思考，只集中于自己的呼吸当中。

那么，现在开始让我们试着去做一些对话。

"与自己对话"是在沉默中与自身对话的方法。这种对话能够帮助我们在不愉快或者愉快的情况下去做一些有意识的反应。这种方法可以解释为在自己有意识的情况下，选择性地进行"表面对话—与对方对话"的自我共鸣对话方法。前面讲过的自动浮现的想法不能称之为与自己进行的对话，所以在这本书里，我们就称其为习惯性自我对话。

习惯性自我对话

有一天，当我结束了一天的工作回到家时，十六岁的儿子瘫在客厅的沙发上，看都不看我就随便打了声招呼。

"妈，你回来了？"

儿子的声音低沉且显得没有诚意，但家里的小狗却开心地摇晃着尾巴向我跑过来迎接我回家。就在这时，我的脑中出现了这种"自动浮现的想法—与自己对话"。

●就算他正在青春期，这也未免太过分了吧！

- 我这一天也不是出去玩，是在外面辛苦工作，他的态度也太不像话了。
- 我是不是白养他了？
- 这不就是无视我的态度吗？
- 行，咱们走着瞧。

如果产生这样的想法，就会容易发火，全身紧张，肌肉僵硬，心跳加速。当面对某种情况时，这种想法就会自动浮现。这种自动浮现的想法就是"对双方无益的自我对话"，继而会转变成"悲剧性的表面对话"。在我们向对方开口之前出现在脑海里的想法就叫作自我对话。

自我对话对表面对话产生的影响

我常常对别人说："对话不仅仅指双方表面上的交流。与对方关系的质量在很大程度上是由内心自我对话，即自我意识水平决定的。"

断绝关系的对话也是由对双方无益的自我对话、自动浮现的对话而造成的。

举个例子吧。

买完菜回到家的妈妈，从门缝里看到儿子正在房间里玩电脑。看到儿子玩电脑的样子，妈妈产生了一系列想法。

自我对话: "这个家伙又不好好学习，又在玩电脑。"

　　妈妈打开了儿子的房门大声喊道:

　　表面对话: "你又打游戏？不打算学习了是吗？你现在就给我把电脑关掉。因为你，我只能天天守在家看着你，什么事都做不了！"

　　同样的情况下，如果妈妈产生了以下想法，会怎样呢？

　　自我对话: "儿子怎么又坐在电脑前面？他在干嘛呢？也不知道作业做了没？看来得问一下了。"

　　这时，妈妈会打开儿子的房门问道:

　　表面对话: "儿子，怎么又坐在电脑前面呀？玩电脑之前作业做完了吗？"

　　就像这样，表面对话的质量取决于进行了什么样的自我对话，并且会决定双方的关系。

　　对话是这样的。

　　1. 取决于心里怎样解释并认识这件事。
　　2. 无意识中说出来的话决定了双方的关系。

尝试练习有助于促进双方关系的 "有意识的自我对话"

　　我曾经看过社交媒体上的一篇文章。在国外一个非常有名的场所里，因游客们经常很不友好地对咖啡店员工说话，所以咖啡店老板很是苦恼。员工们越来越没有干劲，辞职的人也越来越多。有一天，陷入苦恼的老板意识到大多数游客都不是回头客，只是一次性游客。他想出了一个办法，把菜单上的字换为：

【菜单】

咖啡——50 元

来一杯咖啡——35 元

您好，请给我一杯咖啡——25 元

了解了老板的意图之后，客人们都很客气地对待员工，员工也重新找回了活力。同样的道理，妈妈的说话方式能让孩子感到幸福，也能让孩子变得怯懦。因为我们想到什么就说什么，所以脑海里浮现的想法决定了表面对话的内容。看了新菜单的游客们亲切地对待店员，那么店员也会感到幸福。看到店员幸福的样子，游客也会有成就感。

在与孩子进行对话之前，如果先整理一下自己的想法再说话，那么孩子会感到非常幸福，我们自己更不例外。这就是我们要认真与自己对话的原因。

让我们来练习一下吧。为了我们美好的新生活，同时也为了让我们的孩子更幸福快乐地成长！

共鸣角

　　我们来练习一下自我对话吧，试着每天记录一件与自己对话的事例。

　　状况
　　"当孩子说不想去补习班或者不想写作业时，你在心里是如何与自己对话的呢？"

　　请你记录一下"无益于我和孩子的习惯性自我对话"吧。
　　例：一直这样下去长大了没出息可怎么办？／敢无视我的话？／等去了学校被老师骂了就知道乖乖听话了。

　　1.＿＿＿＿＿＿＿＿＿＿＿＿＿＿＿＿＿＿＿＿＿＿＿＿＿＿

　　2.＿＿＿＿＿＿＿＿＿＿＿＿＿＿＿＿＿＿＿＿＿＿＿＿＿＿

　　3.＿＿＿＿＿＿＿＿＿＿＿＿＿＿＿＿＿＿＿＿＿＿＿＿＿＿

　　请你记录一下"有助于我和孩子的有意识的自我对话"吧。
　　例：听听不想写作业的理由吧！／上次也那样，这次也有其他不想做的理由吧？／该和孩子好好聊聊了。／我可以怎么帮你？

　　1.＿＿＿＿＿＿＿＿＿＿＿＿＿＿＿＿＿＿＿＿＿＿＿＿＿＿

　　2.＿＿＿＿＿＿＿＿＿＿＿＿＿＿＿＿＿＿＿＿＿＿＿＿＿＿

　　3.＿＿＿＿＿＿＿＿＿＿＿＿＿＿＿＿＿＿＿＿＿＿＿＿＿＿

　　哪种自我对话会更有助于和孩子之间的表面对话呢？

07 建立新关系的交流法则

我们都知道所谓"积极的思考方式更有助于增进彼此间的感情和保持我们的心理健康"。然而，即使我们非常想和深爱的人好好相处，但矛盾仍会不可避免地产生。尤其是在跟孩子相处的时候，每当我们读了几本有关如何好好对话的书或者上了对话训练课之后，就会感觉学到了些什么，那几天就会这样对待孩子，例如："噢，原来是这个原因才不开心啊，他可能只是想得到一些认可而已。"但过了几天，当突然感到非常生气的时候，就又会忍不住大喊道："我真是不能再忍了！妈妈的忍耐也是有限度的！你过来！"

那么，在对话训练开始之前，要先做些什么呢？

与孩子建立新关系的过程中注重积累

为了应对未来的未知因素，不论多与少，人们都会有储蓄的习惯。你肯定也体会过积少成多给你带来的成就感。如果账户里现在有 500 万，就算你拿出 50 万去花，也不会感到不安。因为账户里的余额还很多，以后也会一点一点往里攒。所以，保证账户里面有余额是非常重要的，因为有余额就不会慌乱。在与孩子建立关系的过程中，积累也同样重要。

认同与指责 5 比 1 法则

《高情商谈判》一书的作者丹尼尔·夏皮罗，也是哈佛大学谈判心理研究中心的所长，他曾经说过："了解对方的核心关注点对于我们建立良好的关系非常重要。"我认为在孩子和妈妈的关系中，这句话也同样适用。

丹尼尔·夏皮罗曾进行过一个实验。他把一家人，或者一对情侣中的每个人分别安排在不同的房间里，并且每个房间都配备一名观察者。观察者会向每个人询问有关他们最近经历过的矛盾、发生过的口角等各方面的问题。观察者负责把被试者说出的每一句话都记录下来，整个实验过程只持续几分钟。根据这几分钟的观察记录，他们做了一系列分析并预测了他们 3 年后、5 年后、10 年后的人际关系走向，结果这份预测的准确率高达 90% 以上。有些人在 10 年后依然能和睦相处，但有些人的关系却早已破裂。

是什么造成了这些结果的差异呢？

这些差异便在于其对话方法。

丹尼尔·夏皮罗问被试者："你们可以在最近产生的矛盾中不与对方争吵吗？"

参加实验的所有人都曾与身边的人发生过矛盾。认同对方的次数与指责对方的次数为 1 比 1 的情侣们，都在低质量的关系中不了了之。然而，有些情侣虽然同样产生了矛盾，却能长时间维持良好的关系，因为他们认同与指责的比例不是 1 比 1，而是遵守了 5 比 1 的对话法则。

丹尼尔·夏皮罗说"认同"是人们认为非常重要的事情之一，因为我们每个人都想要获得认可。5 比 1 法则就是有关怎样去认同的法则。认同对方的话语比例为 5，指责对方的话语比例为 1，这样更有助于我们维持良好的关系。

这项原则同样适用于我们和孩子之间。在与孩子建立关系的过程中，我们要注重积累，也就是说，平时要多说一些认同孩子的话。因为，或许某一天，我们可能会因为太着急，没有好好控制情绪而无法认同孩子。在这样的情况下，我们就可能会大声呵斥孩子，对孩子发火。我不是在对怒斥孩子这种行为进行合理化，而是在承认我们作为一个人，都会不可避免地失误，所以要给自己留有一点余地。

我们不应该有"我又犯了一些不该犯的错误，事情已经到了这种地步，我不管了，破罐破摔吧"这样的想法，而是应该按照"我很想对孩子好,但有时确实会力不从心,从现在开始,我至少要说出五次以上认同孩子的话"这样想,并为自己打气。在孩子难过或者不开心的时候,要注意多认同孩子,倾听孩子的话并帮助他,在这样的过程中积累与孩子的良好关系。

实行认同与指责 5 比 1 法则,青春期也不怕

在儿子的朋友中,有一个跟他相差六岁的哥哥。那个哥哥在初中二年级的时候经历了青春期。那个孩子从小情感就非常丰富,喜欢撒娇,也喜欢跟妈妈亲亲抱抱,他的爸爸也非常慈祥,于是我认为他们家里的儿子们也会非常懂事,懂得体贴别人。所以,当看到妈妈面对孩子青春期惊慌失措的样子时,我感到特别意外。庆幸的是,他们家平稳度过了孩子的青春期。如今成为大学生的他,跟父母的关系非常和睦。虽然他妈妈偶尔也会对他说一些不太好听的话,但因平时积累了牢固的感情,所以没有受到太大影响。

在他妈妈与孩子的关系中,我们可以看见 5 比 1 法则。比如:"是,这一点你说得没错。""你这么想也是情有可原的。""妈妈现在知道你说的是什么意思了。"他们经常以这种方式进行对话,同时妈妈也会拍拍他的肩膀。

要注意,父母对孩子说五次认同的话时是不能带任何附加条件的。

"谢谢儿子 / 女儿,妈妈懂你的心情,但你确实也有点过

分了。"

不能这样开启与孩子的对话。

"你很辛苦吧。谢谢你还能这么对我。""谢谢儿子/女儿，妈妈现在懂你的心情了。"

点到为止即可。如果平时经常饱含真心地对孩子说这样认同的话，那么就算孩子偶尔会对我们的所作所为感到伤心，也会很容易恢复过来。

麦拉宾法则：一致的重要性

麦拉宾法是众多沟通法则之一。麦拉宾法则强调在与他人沟通时，通过语言文字能够了解对方意图的概率只有7%，而更重要的是声音语调与态度表情。

有一天，从幼儿园放学回来的孩子问正在厨房洗碗的妈妈：

"妈妈，你爱我吗？"

可是这位妈妈今天有很多事情要做，她要赶快刷完碗去做别的事情，所以连看都没看孩子一眼，就回答道："当然爱了。赶紧去洗手吧。"

妈妈觉得孩子在问一个毫无疑义的问题，便没有在意，草草回答了。

虽然妈妈说了爱他，但孩子却不知所措。因为妈妈连看都没看自己一眼，只是不耐烦地回答了自己的这个问题。

孩子重新问道："妈妈，你真的爱我吗？"

这时，妈妈会想："这孩子怎么同样的问题问两遍呢？"然后重新回答道："当然了，妈妈肯定爱你呀。去，快去洗个手回来。"

这时，孩子能够稍微理解了。虽然是同样的话，但妈妈的语气里多了些温柔。如果文字语言的作用只占 7%，音色、音调等的作用占 38%，还是没有达到 100% 的完整沟通。

所以孩子又问了一遍："妈妈，你真的爱我吗？"

这次妈妈回了头，看着孩子想了想："他问三遍同样的问题肯定说明有事。"

妈妈把手里的碗筷放到一边，把孩子抱在了怀里。这时，占比 55% 的态度表情与肢体动作发挥作用了。

"当然了。妈妈肯定爱我的宝贝呀。看看妈妈的眼睛，现在知道了吗？"

麦拉宾法则是指，在与他人沟通时，表情、动作、肢体语言等视觉要素（Visual）占比 55%；音调、语气、音色等听觉要素（Voice）占比 38%；文字语言 (Verbal) 占比 7%。

这三种要素的开头字母都是 V，这三个 V 融合到一起就会达到 100% 的沟通效果。

把这个法则应用于 5 比 1 法则中会怎么样？如果用眼睛注视着你的孩子，用与话语内容相一致的认同语气与孩子对话五次，那么孩子一定会看到妈妈的努力，并将这种爱记在心里。这不会耗费太多时间，短短的几分钟就可以。停下手里的活儿，跟孩子说："你过来一下。"然后紧紧抱住孩子说："妈妈爱你。"并亲一下他："现在懂妈妈的心了吗？"这样其实就可以了。做这些事，前后加起来都不会到一分钟，平时只要一想起来就这么去做吧。记得要经常这么做哦！

共鸣角

到目前为止，我说话的方式是有助于彼此的，还是无益于彼此的呢？在与孩子建立关系的过程中，重要的是保持对话沟通的一致性，养成认同孩子的习惯并经常说一些认同孩子的话。比起单方面的"好"与"坏"，要认真想一想我现在说的话是否有助于增进我和孩子之间的感情，并思考以后怎样做才能更有助于建立起和孩子的良好关系。

试着每天一次注视着孩子的眼睛，抱一抱他，用温柔的语气说一声："妈妈爱你。"
你每周做了几遍呢？

星期一	星期二	星期三	星期四	星期五	星期六	星期日

　　试着每天对孩子说一遍"妈妈理解你的意思了""妈妈懂你的心了""你这么想确实也情有可原"诸如此类认同孩子的话。

　　记录一下你每周都做了几遍。

星期一	星期二	星期三	星期四	星期五	星期六	星期日

08 "与自己对话"练习1

观察所见所闻

从幼儿园放学回来的孩子说道:"妈妈,今天幼儿园给的零食是橘子,但是老师没有给我和裕锡。我想吃橘子,有橘子吗?"

听了孩子这番话,妈妈问道:"为什么没给你呀?"孩子说:"嗯,因为当时只有5个橘子,却有7个小朋友。"这时,妈妈有点生气,她说出了这样的话:"老师怎么这样啊,竟然偏心。"

从幼儿园回来的另一个孩子说道:"妈妈,今天幼儿园给的零食是橘子,老师先给了我,但是有另外两个小朋友没有拿到。"

这时妈妈说:"为什么另外两个小朋友没拿到呢?"

"嗯,因为橘子不够。"

听了孩子的话，妈妈笑开了花，说道："哇，老师是不是最喜欢我们宝宝呀？"

不知从什么时候开始，我们常常只根据表面现象就立即下结论，并相信那就是事实，然后开始说话。但为了使我们的对话更加有益，更接近于事实，我们首先需要有如实反映所见所闻的能力，即观察力。

在第一个事例中，认为老师偏心是妈妈自己的想法，当时妈妈听见的内容是，因为只有 5 个橘子，所以老师没有给我的孩子和另一个小朋友。在另一个事例中，认为老师偏爱我的孩子也只是妈妈自己的想法，事实是，老师是按顺序，从我的孩子开始分了橘子，另外两个小朋友排在后头而已。

我们为什么会着急先下结论
而不是先去观察呢

我们往往会在观察的同时下结论，观察到的事物会慢慢从记忆当中消失，最后把擅自下的结论当作事实储存在脑子里。因为经过长时间的进化，人类具有了快速判断安全与否进而根据结论去行动的生存本能。这时我们并不是在认真地思考、理性地判断，而是根据自己的情感去下结论。人与人之间的关系又如何呢？

我们会积极评价有利于自己的人，而对不利于自己的人进行否定，所以世界上便有了好人与坏人之说。如果认定了一个人是坏人，那么以后能够从这个人身上看到的就只有缺点了。

评价带来的标签摒弃负面偏好

正如之后将详细讨论的那样，评价（积极或消极）一个人的行为就叫作"贴标签"。接下来，按照你所贴的标签，指着那个人说"你看，我说得对吧"，并对自己贴的标签进行确认的行为就叫作"负面偏好"。一旦开始习惯性地消极评价一个人，那么接下来不断进入自己眼帘的就只有那个人的缺点，并认为那就是事实。

在第一个事例中，妈妈可能只发现了老师偏心的样子；第二个事例中，妈妈可能只发现了老师偏爱自己孩子的样子。这就跟人们会越来越不喜欢一开始就讨厌的人，只看得到对方的缺点是一样的。

如果我们像这样去想孩子会怎么样呢？

如果妈妈判断自己的孩子"懒惰、没有主见"，那么每当看见孩子躺在沙发上时她都会觉得："看看他，就知道躺着，怎么这么懒。"然后非常容易就将自己的孩子定义成一个懒惰的人。

如果像这样以自己内心的那把尺子去衡量别人并认为那就是事实的话，我们能够进行彼此认可、与对方心连心的对话吗？

　　恐怕会很难。所以至少在与孩子进行对话的时候，我们需要先暂时放下习惯性的判断，然后根据所见所闻去了解事实。这就是对话的开始。成功的自我对话始于自身的观察力。

恢复观察力

"我儿子／女儿一天到晚就知道玩手机。"
➡ 我昨天看见他坐在沙发上玩了两个小时的手机。

　　我们可以不加任何滤镜地去看待别人，也可以如实还原对方说过的话。小时候我们的观察力都非常好，可随着年龄的增长，想要恢复以前的观察力，需要进行一点练习。

　　恢复观察力并不代表我们不会再对他人进行判断和评价。但是，这说明我们具备了能够将我们的所作所为，定义成判断行为还是观察行为的能力。至少，希望我们在对别人进行评价的时候，不会将评价结果看作事实。比如说："我的孩子？他真的非常懒，这是事实。"如果我们能够区别自己的判断行为和观察行为，我们就会这样说："有时，我会觉得我的孩子非常懒。当我产生这样的想法时，映入我眼帘的是他的书、袜子和穿过的衣服都被随意扔在床上，还有他三天没有洗脸刷牙就睡觉的样子。"

让我们把先入为主的评价行为转变成观察行为吧。

例：我的孩子非常健康。

➡ 参加完运动会回到家，我的孩子竟然说："一点也不累。"然后下午就去游泳了。

◎ 我的孩子爱问问题。

➡ _____

◎ 我的孩子太傻太单纯了。

➡ _____

◎ 我的孩子不懂得谦让。

➡ _____

◎ 我的孩子非常体贴。

➡ _____

◎ 我的孩子非常懒惰。

➡ _____

◎ 我的孩子非常有领导力。

➡ _____

09 "与自己对话"练习2
了解自己内心真正的情感

想法 ➡ 冲动的想法 ➡ 情感

"我的孩子一整天就知道玩手机。"

➡ 每次看到他那副样子，我就想把他手里的手机抢过来。——冲动的想法

➡ 然后我就会非常生气。——情感

　　当结束了一天的工作回到家，看见躺在沙发上连头都不抬、不跟我打招呼的儿子时，如果我认为"这家伙以后长大了能有什么出息啊？真是不知妈妈辛苦，无情又不懂事"这种想法就是事实的话，我肯定会呵斥他，把他从沙发上拽下来。这种想法会造成"不愉快、愤怒"等情感。自动浮现的想法会使人冲动，从而产生不愉快的情绪。

想法 ➡ 观察 ➡ 情感

"我有时会觉得我的孩子一整天只知道玩手机。我昨天看见他坐在沙发上玩了两个小时的手机。"

➡ 每当我看见孩子坐在沙发上，手机一看就是两小时，与其说感到厌烦、生气，不如说感到非常担心和焦虑。

如果这时看清了自己的想法，并回到了观察行为上，那么会产生什么样的变化呢？

"原来现在我的脑子里出现的是'我的孩子以后能有什么出息啊，都不体会妈妈的辛苦，真无情、不懂事'这种想法。等一下！我看到的是什么呢？我看见儿子躺在沙发上，没有看我，就说了句'妈你回来了？'，但是现在我的心情怎么样呢？说实话有些心寒。啊，原来这就是我现在的情绪呀。"像这样，会顿时醒悟。

在观察的过程中
情感会发生细微变化

有趣的是，不论是在我们思考还是观察的过程中，都会产生一些情感。如果一个人无法感知情感，那么将很难被看作是活着的状态。反过来说，人类是一个时时刻刻都在进行思考活动的存在。

每一刻我们都在思考，我们无法停止思考，这些想法以判断与评价的形式表现出来。所以我所倡议的不是不要去判断或评价，而是尽可能多地去观察，以及要努力把判断行为与观察行为区别开来。在大多数努力的过程中，我们能够发现自己细微又准确的感情和情绪，这个过程也可以让我们更加从容。

情感意味着什么呢

人们常常说不想体验一些负面情绪。在前面的事例中，妈妈是不想体验使自己崩溃的悲伤、愤怒、不安、内疚以及惭愧等情绪的。

但这些情绪是无法避免的。我们需要一五一十地全部接受。只要活着，我们就会思考，这些思考就会引发一系列情绪。

我们为什么会在情绪前面加上"负面"一词呢？如果说是负面情绪的话，谁还会欢迎这种情绪找上自己呢？

如果孩子经历了"悲伤、畏惧、恐惧、愤怒、不安、内疚、羞愧"等情绪的话，我们一定会想尽办法帮助孩子消除这些情绪，或者认为应该消除孩子的这些情绪。

很久之前，当我因恐慌障碍而饱受痛苦时，我每天都在试图否认并抵抗不安、恐惧等情绪。我把这些感受都视作负面情绪，不允许它们出现在我的人生里。但这种想法并没有帮助我消除这些情绪，当然也无法视之为一个可行的办法。

情感并不存在正面或负面一说。情感可以说是人生道路上一个重要的"闹钟"。那只是一个告诉我们自己的需求是否被满足的信号。如果你感知到了幸福的情绪，那么就是这个闹钟在告诉你，生命里一些必需的要素被满足了；如果你感知到了负面的情绪，那么就是这个闹钟在告诉你，生命里一些必需的要素还没有被满足。

如果在你抱着孩子哄他入睡时，孩子马上就在你怀里睡着了，那么你肯定会觉得开心、幸福。但是如果你用尽办法哄孩子入睡，过了两个小时孩子还是没有睡着，你肯定会觉得不耐烦，且感到筋疲力尽。如此看来，情绪只是一个闹钟，提醒着我们现在或过去一些重要的要素是否被满足，希望每个人都能记住这一点。

共鸣角

把你体验到的情绪记录下来。

看着目录把自己的情绪记录下来吧。（参考：附录1——情绪列表，252页）

例：我乘坐地铁的时候，有个人把我撞开，抢到了整个车厢唯一剩下的那个位置，我足足站了 13 站。
<u>真是又烦又委屈。</u>

◎在超市买东西的时候，孩子突然不见了，我找孩子找了足足十分钟。

◎老大在房间里和弟弟玩的时候把拼好的乐高砸了，而且打了弟弟的头。

◎我妈说："你好久都没有出去见朋友了，出去好好玩会儿吧。"然后给了我五百块钱。

◎丈夫说晚上公司有聚会，但是他直到凌晨三点都没有接我电话。

◎孩子学校的老师打电话给我，说孩子很开朗，很会和同学们相处。

---

10 "与自己对话"练习 3
了解并寻找情绪的成因

"我的孩子一整天都在玩手机。我昨天看见他坐在沙发上玩了两个小时的手机。"

➡ 每当我看见孩子坐在沙发上，手机一看就是两小时的时候，与其说感到厌烦、生气，不如说感到非常担心和焦虑。

➡ 我产生这些情绪的原因是我希望孩子能够有规律地生活，这样我就能放下心去休息了。

我们要仔细聆听情绪闹钟带给我们的信号，只有这样才能准确找出这些情绪产生的原因。直到现在，我们都是在思考中寻找情绪产生的原因。但是如果一直在往错误的方向思考，就很容易冲动、责备对方，甚至会发生争执。

但是我们现在已经明白了，是脑海当中自动浮现的想法导致了情绪的产生，而那时的情绪是非常模糊、具有攻击性的。我们还观察并探索了心里产生情绪原本的样子，结果发现那其实并不是愤怒，而是担心和焦虑。我们准确地意识到，不是因为"对方而感到愤怒"，而是因"担心和焦虑"而产生了情绪。

情绪产生的准确原因要到哪里去找

当我们想要的被实现了或没有被实现时，如果闹钟带给我们的提醒是情绪的话，我们该用怎样的言语去形容"我们想要的"是什么呢？

我们可以说成是愿望、核心欲望、必要等。但是为了方便，在这本书里，我们将情绪产生的那一瞬间我们想要的东西叫作需求。（参考：附录2——需求列表，254页）。也就是说，产生情绪的原因是我们有自己的"需求"。之前说，如果一抱起孩子，孩子就在怀里睡着了的话，我们会感到非常平和、开心、幸福，那是因为我们对于休息、对于拥有自己的时间以及自由的需求被满足了。如果孩子闹了两个小时都没有睡着的话，我们肯定会感觉到筋疲力尽，这是因为我们对于休息、睡眠、守护孩子健康的需求没有被满足。

当对自己的需求一无所知时产生的结果

我们常常不知道自己情绪产生的真正原因是什么。有时我们会认为是自己的原因，所以时不时会看对方的脸色；相反，如果认为是对方的原因，我们就会指责对方并强迫对方做些什么。在上面的事例当中，如果妈妈认为自己愤怒的原因是孩子，就会对孩子大喊大叫，把手机抢过来并强迫孩子把手机关掉；但如果把自己情绪归因于自身的需求，那么从这一刻开始，奇迹就会发生。

奇迹是从表达需求开始的：
因为谁？ ➡ 因为什么！

如果妈妈能将自己担忧和焦虑的情绪归因于自身需求（教导—帮助孩子进行规律的生活）没有被满足的话，至少不会责备孩子，还能恢复表达需求的能力。

◎ 妈妈一整天都得为你费心，都没办法休息。你一天到晚到底在干些什么啊？快点把手机关掉！

◎ 妈妈感觉到担心和焦虑。我希望你在家里能够多试着去做一些不一样的事情。

哪种话语更容易让孩子接受呢？如果接着问孩子："你觉得妈妈说的这些话是什么意思呢？"你可能会得到更准确的答案。

如果是前者的话，孩子可能会回答："妈妈生气了，不耐烦，还威胁我。"但如果是后者的话，孩子就会回答："妈妈说担心我，想让我多做一些不一样的事，是想教导我。"

你希望孩子记住些什么？当我们说话的时候，仔细想一想，大部分情况下我们其实是希望对方能够知道自己的需求是什么，换句话说，就是希望对方了解自己的"需求"。

表达需求为何能发生奇迹呢？

就像附录（参考：附录2——需求列表，254页）里出现的所有需求一样，我们活着就会有各种各样的需求。为了满足不同时期的需求，我们会做出像沟通、叮嘱、行动一类的努力。如果想多空出一点只属于自己的时间，我们会为了让孩子能更快睡着而在里屋哄孩子睡觉，或者会打电话给自己的妈妈请求她帮忙看一下孩子。

每个人都有不同的需求，但是仔细去观察这些需求我们就会发现，"需求"对于所有人来说都是一个非常重要的词语。换句话说，把自己的需求表达出来就能促进理解，产生共鸣。只是在有些情况下，有些需求难以被满足；又或是在某些人与人之间的关系中，很难将需求表达出来。

比如说，媳妇很难对婆婆说："妈，我需要休息。"在职场中，职员很难对上司说："自主性与互相尊重在我的工作当中很重要。"休息对于婆婆来说同样重要，自主性与互相尊重对上司来说也一样重要，但是在一些存在差距的关系中，我们无法坦然地讲出自己的需求。因为我们无法确定对方会怎样理解并解释我们说出的话。为了让一方说出自己的需求时，另一方能够毫无偏见地接收对方所阐述的需求，我们需要进行一些训练。

我希望妈妈们与其跟一些自己觉得有些别扭的人进行对话训练，还不如跟比自己弱小、让自己感觉最舒服、最爱的孩子进行对话训练。通过这样的训练方式，如果我们能将孩子表达出的需求理解为"我的孩子目前正需要的"，而不是"我应该去满足的"，我相信孩子们长大了也能够避免过度责怪别人或责备自己，从而能以更加健康的方式去与人沟通。

如果孩子说"妈妈，自由对我来说非常重要，自主性也非常重要"，那么我相信不会有任何一个妈妈会对自己的孩子说"那些有什么可重要的。自由和自主性在人生当中一点都不重要"这样的话。

可能每一位妈妈都会说："对呀，妈妈也是一样的。自由和自主性都非常重要。"我认为对于彼此的需求，大家都是能够充分理解的。在两个"想法"不同的人之间，产生矛盾是不可避免的，但没有人会因为彼此不一样的"需求"而产生冲突。对于"需求"本身，人们不会去挑毛病，也不会去误解。可为什么说表达需求会发生奇迹呢？因为就算需求没有被满足，但只要有人充分尊重、理解你的需求，光凭这一点就会让人感到舒心。当你非常难过时，如果朋友对你说："原来你需要有人去安慰你（需求）呀，所以你才会这么难过。"那么你的心情肯定会好一点，也会更舒心一点，原因是自己的需求表达出来了，也被人理解了，这就是奇迹。

共鸣角

寻找被满足和未被满足的需求。

请在"附录2——需求列表（254页）"中，寻找在以下情况下产生的需求，思考该需求是否被满足。

例："我感到非常伤心。妈妈都不知道我有多努力，还一直跟我说要再加把劲儿。每次听到妈妈说我还需要再努力时，我就会有放弃的想法。"

<u>认同、感恩、共鸣</u>　<u>没有被满足的需求</u>

我感到非常委屈。我没有拿他的文具，他还非说是我拿的，一直逼我把他的文具交出来。

————————————————　————————————————

我非常生气。我连午饭都没吃，一直在工作。在茶水间喝咖啡的时候遇到了科长，科长竟然问我是不是很闲。

————————————————　————————————————

我感到非常幸福。今天妈妈送给我一条非常好看的项链作为生日礼物，还安慰我说生孩子辛苦了。

——————————— ———————————

我今天非常开心。今天幼儿园老师夸了我的孩子爱帮助别的小朋友，还特别喜欢笑。她说话的时候眼神里充满了宠溺。

——————————— ———————————

模仿上面的例子，请记录下今天自己经历的事情当中，有哪些需求被满足了，而哪些需求没有被满足。

_____

_____

_____

_____

11 "与自己对话"练习 4

了解真正想要的是什么

去年我在 mom's radio 举办了几场为妈妈们设计的专题讲座。这些讲座以小规模形式谈论如何跟孩子进行沟通。有一天,我们的话题是"如何嘱托孩子"。一般情况下是只有妈妈们自己来,但是那一天有一位妈妈带了她五岁大的儿子一起来。在我们轮流做自我介绍的过程中,男孩又蹦又跳,来来回回穿梭于我们几个人围成的小圈子,还时不时发出吵闹的声音。

"你要是再这样妈妈就不给你买玩具了,刚才不是跟妈妈约定好了要乖乖待着的吗?"妈妈小声地对男孩子说。

"为什么?妈妈不是说我跟着来就会给我买吗?"男孩子大声说道。

这时,我把他叫过来嘱托了一句:"到老师这里来一下好不好?老师现在需要你的帮助(我的需求),你能不能在妈妈们做自我介绍的时候乖乖地等待一小会儿呢？（行动）"

男孩子回答道："好。"然后直到妈妈们做完自我介绍他都没有再捣乱，一直乖乖地坐在那里。那天的课就那么顺利地结束了。

嘱托 = 需求 + 希望做出的行动

一位妈妈对孩子说："妈妈想休息一会儿。"——妈妈的需求：休息

妈妈表达了需求，这时孩子也理解了妈妈有哪些需求。

孩子说："知道啦。妈妈休息。"然后就跑到门口去穿鞋了。

"你干嘛呢？"

"妈妈不是说想休息吗？"

"是啊，所以呢？"

"我们出去吧，妈妈。出去玩就是休息呀。"

孩子了解了妈妈的需求，但不知道该怎么做才能满足妈妈的需求。如果妈妈的需求是休息的话，这个休息意味着想要进自己的房间睡一会儿觉。如果妈妈是这样说的，会怎么样呢？

"妈妈睡半小时好不好？妈妈需要休息。在妈妈睡觉的时候，我们的宝贝女儿可不可以看会儿电视等一下妈妈呢？在你看电视的时候暂时先不要叫醒妈妈，怎么样？"

嘱托的对象

这种嘱托不仅可以对对方做，还可以对自己做。我们不仅需要别人来帮我们做一些事情，还需要自己帮自己做一些事情。

我一直想要被爱，所以我曾经埋怨没有给我足够爱的父母，有时甚至会埋怨不理会我的儿子。但是现在，儿子为了好好爱我，会天天给我一个大大的拥抱，轻轻拍打我的胳膊，还会说"妈妈辛苦了"之类的话。看到儿子为了满足我"需要被爱"的需求而做出的一些小小举动，我发现其实就算对方不为我做些什么，我也会感觉到心安。

共鸣角

练习"嘱托＝需求＋行动"的对话方式。

例：妈妈需要帮助。

➡ 妈妈想获得一点帮助（需求），在妈妈准备晚饭的时候，你能不能按照家里人的数量，把碗筷摆在桌子上呢？然后用完的碗筷可不可以帮妈妈放进水槽里呢？（行动）

我想要被理解。（对朋友或丈夫说）

_____

我希望我的人生可以比现在过得更快乐。（对自己说）

_____

我需要协助。（对家人说）

_____

Chapter 2

对我的孩子
理解，共鸣

01 向孩子传达感恩之心
替代 "做得很棒"

保持一颗尊重并感恩孩子的心，
我们就能成为一个心理健康的大人。

　　能否更好地和孩子交流，很大程度上取决于我们生气时如何处理自己的情绪，但恰恰大部分人都不知该怎样应对。其实在非常生气的时候，越想要好好说话就越容易以失败告终，所以平时我们需要进行一些对话训练。我也经常在非常生气的时候失误，事后也常常陷入后悔当中。但是区别在于，就算是在非常生气的时候，不管不顾就大发雷霆的次数变少了，而主动承认自己过失的次数变多了。虽然坚持不懈地进行对话训练功劳很大，但最主要的秘诀还在于练习怎样去表达感谢。

　　表达感谢在以下三个方面非常有用。

第一，会使人变得更加容易知足，变得更加快乐；

第二，就算是在生气的时候也能以正常的方式进行对话；

第三，在练习过程中你会发现自己生气的次数变少了。

我看过一个外国抢险队员在"TED"中的演讲。他看起来朴实随和，个头也比较大，说自己从事的工作是负责在交通事故中抢救受伤的人。他说在这份工作中，让他感到非常矛盾和纠结的一件事是，被自己救出来的人已经没有太大的生存希望了，但他们却会问他："我能活下来吗？"

他说在那一刻，他不知道自己应该诚实地回答他可能会死，还是应该为了给他勇气而对他说"可以活下来"，所以他感觉非常痛苦、纠结。刚开始的时候，他会对生命即将结束的人说"可以活下来"，但结果常常不如意，所以后来，他就开始根据自己的经验，诚实地告诉他们事实。

"这可能是你生命中的最后几分钟了。"

结果，那些生命垂危的人都会非常平静地对自己所爱的人说"对不起"和"我爱你"。

最熟悉的称赞方式

我想象了一下。

"如果我即将面对生命中的最后几分钟，那我会先想起谁呢？"

可能最先想到的是我十六岁的儿子。两个人在一起生活了十二年以后，孩子成了我生命中最珍贵的人。

你们都会想起谁呢？如果要称赞他，你会说些什么呢？

参加对话训练的一位男士说："我可能会先想起我的女儿来，她非常可爱。"像这样，虽然我们平时可能没有表达出来，但只要给自己一点时间，就会说出称赞孩子的话来。

触动人心的感恩方式

1. 描述你所观察到的

我对那位说会想起女儿的男士说："当您觉得女儿很可爱的那一瞬间发生了什么故事呢？您能给我们完整地表达一下吗？"

他想了一会儿，用平稳的语调说："记得有一天我非常累。因为跟组长发生了一点不愉快的事情，所以下班的时候心情很复杂，又累又烦。但是当我以那样的心情回到家时，女儿光着脚丫子向我跑过来。她哒哒哒地跑过来，叫了一声'爸爸'，然后用脸蹭着我的大腿，开心地笑着。当我为了抱她而张开双臂时，女儿一下子就投入到我的怀里。她一边亲我一边对我说'爸爸，我想你了'。"

他说完之后，我向在场的其他人问道："能想象得到那是什么样的场景吗？像电影里的一幕吗？"

这时大家纷纷点头，其中有一个人说道："是的。女儿一定很可爱吧。真羡慕。我只有儿子，但是现在已经长大了，现在都是我进他的房间主动跟他打招呼。"

在场的所有人都笑了。

如果说刚才那位男士认为自己的女儿很可爱是对女儿的称赞，那么之后他对女儿的描述就是观察。如果想要称赞孩子，那么就按照你的所见所闻，不需加任何想法而是一五一十地去描述自己所观察到的吧。观察是非常具体的。如果向他人描述你所观察到的景象，那么他人的脑海中也会浮现出你所描述的画面，进而去理解你，为你感动。

2. 表达你内心的感恩

当回忆以前发生过的事情，并一五一十地还原当初的场景时，我们会自然而然地产生感恩的想法，然后会觉得很幸福，这就是描述带给我们的礼物。将你的心展现给对方，这就是表达感恩之情的第二种方法。

比起说"我的女儿真的又温柔又可爱"，倒不如说"记得有一次爸爸回家的时候你哒哒哒地跑过来，随意地用脸蹭着我的大腿，还抱着我说你很想我，当时爸爸真的很幸福"，若用这样的话语，孩子便能更容易地理解爸爸当时为什么会感觉到幸福。比起把注意力集中于爸爸对自己的评价，孩子会更容易发现原来自己的行为能够让爸爸感觉到如此幸福。

3. 表达出对方的行为对我的生活产生的影响

"记得有一次爸爸回家的时候你从那边哒哒哒地跑过来，随意地用脸蹭着我的大腿，还抱着我说你很想我，当时我感觉到特别幸福。其实那天爸爸很累，但是看到你之后，累的感觉一下全都消失了。因为当时爸爸觉得自己一直被爱着。"

我们一直想成为一个有存在价值的人，孩子们也是如此。所以孩子们每时每刻都在向父母吐露自己的心声，因为他们想让爸爸妈妈感到快乐。表达我们的感恩之情能够让孩子明白，他们的一举一动对父母来说都具有很重要的意义，也能够让孩子充分理解自己存在的价值。

简单的称赞可以说"做得很棒"；表达感恩之情可以说"谢谢你"。

表达感恩不要光想不做

我时常有这样的想法："如果今天是我生命中的最后一天，那么我会对儿子说些什么、做些什么呢？"虽然没有经历过如此痛苦的事情，无法知道在真实情况下到底会怎样，但如果能回过头看看自己的人生，希望我今后所走的路不会让自己感到后悔。

从今天开始以一个不会让自己后悔的方式去生活，这时最需要的就是感恩。如果当自己口渴想喝水时，孩子正好给你倒了一杯水，那么这时请对孩子说："妈妈什么都没说，你就知道妈妈想喝水了，多亏了你，妈妈现在一点都不口渴了。谢谢儿子/女儿。"而不是光在心里想："真是没有白白把他/她养大。"我们有必要仔细留意孩子的行为并主动表达自己。

其实仔细想想，早上出门的孩子晚上能够平安回到家也是一种奇迹。如果把这些都想成理所应当，那么自然就没有那么多值得感恩的事。但是如果仔细观察生活中的每一个细节，时刻保持敏锐的观察力，那么很多事情就会像奇迹一样值得感恩。所以这一点是需要训练的。虽然把感恩的想法表达给孩子会有些难为情，但是尽可能把自己观察到的情况描述给孩子，表达自己的感恩之情就足够了。这样孩子就能更加深刻地体会到你的爱。

平时的我们，忙于将生活中的一切都按照"对"与"错"的标准来进行判断。我们分析孩子的行为是对还是错，如果错了，就算是用打骂的方式也要把孩子的行为纠正过来，以至于我们没有时间去思考一些值得感恩的事。尤其是对于那些被学校评价为性格上比较马虎、爱冲动的孩子，他们的父母会感到害怕。这种时候，如果能转变一下思考方式呢？比如说："我的孩子是从战场上活着回来的，只要毫发无损地回来就知足了。今天的事下次再解决就好了。"

因为每个孩子都具有不一样的性格特点，处理情绪的方式也不一样，所以在学校或补习班上可能已经受到过很多指

如果把这些都想成理所应当，
那么自然就没有那么多值得感恩的事。
但是如果仔细观察生活中的每一个细节，
时刻保持敏锐的观察力，
那么很多事情就会像奇迹一样值得感恩。

责与评价了。我相信所有的妈妈都希望，家能够成为让孩子不被指责与评价所困扰、安安心心休息的地方。在孩子放学回到家之前，请对自己说，我要成为孩子温馨的港湾。不去追究孩子的对与错，今天也去紧紧地拥抱平安回家的孩子吧。

当你把理所当然的事想得不那么理所应当，就会发现许许多多非常值得感恩的事。现在正坐在你旁边的孩子，就是一个值得感恩的存在。

共鸣角

请按照以下顺序总结你的一天。

1）结束了一天的工作之后，走到一个只属于自己的舒适区域。
→ 化妆台前 / 阳台的窗边

2）回顾一下今天，请想一个虽然微不足道但令自己非常满意的事情。
→ 看见孩子从幼儿园放学回到家，我非常开心。

3）请根据你的所见所闻，不加任何思考地去描述一件今天发生的事情。

➡ 今天的天气非常晴朗，跟孩子手牵着手回家的路上，风吹过我的脸时感觉非常凉快，额头上的汗也被吹干了。回来的路上我们一直啃着在幼儿园门口买的玉米。在路上，孩子跟我说今天幼儿园发的零食很好吃，还跟我说"妈妈最棒了"。

4）在回想起像3）一样的场景时，请在"附录1——情绪列表（252页）"中找到你当时的情绪。

➡ 感觉很幸福。是一种小小的幸福感，心里很温暖。

5）当你感觉到满足时，请在"附录2——需求列表（254页）"中找出那件事或者那个人满足了你什么样的需求。

➡ 当孩子说出那番话时，我觉得自己在这个家里做的所有事都值得了。我感觉孩子在健康地长大，所以感觉很心安。多亏了孩子，我才发现了这一点。

第二天，请把这些想法说给孩子听。
请尽量使用一些孩子能理解的、比较简单的词语和表达方式。

02 诚实传达愧疚

替代"妈妈也无能为力"

有勇气说对不起，
才是真正维护自尊心的方法。
表面上说着对不起，心里却陷入自我辩解，
等于是在回避自己内心深处的良心和真实的声音。

有了孩子之后，我就把工作辞了，因为我认为自己的孩子应该由自己亲手养大，直到现在我也是这种想法。但是每天都自己照看年纪还幼小的孩子，心情起伏真的非常大。每当听到朋友们或者前同事们的消息时，我就会觉得自己特别不起眼，赶不上时代的步伐，所以对未来充满了不安。当我脑海里充满了这种想法时，我就会埋怨时不时晚回家的丈夫。现在孩子还这么小，处处都需要照顾，我觉得我的育儿之路遥遥无期，看不到头。上周五，老公喝多了之后回到家说，可能没办法按照约定第二天陪孩子去游乐园了。听到爸爸的这句话，孩子开始不停地闹。一直在叹气的我最后对孩子大声喊道：

"妈妈也没办法啊，爸爸说去不了能怎么办。下次再去吧。"

回想当时我所说的话，就觉得特别对不起孩子，但我也无能为力。如果孩子去幼儿园的话，我还能有一点自己的时间，但是就这样一天24小时都在照顾孩子，有时我也会感觉特别不耐烦。

比起追究孩子的错误
什么才是更重要的呢？

这位妈妈心里一定很委屈，没能按时赴约的爸爸责任也非常大。因为各种事情感到身心俱疲，所以会对丈夫感到失望，对孩子失控发火。这一点是能够充分被理解的。

其实在生活当中，这种事情非常多见。有时，我们会因被误解而替人背黑锅，有时还会因不能被他人理解而感到委屈。我们从小就生活在一个充满了对与错的世界，被认为做错的人就意味着要负责任。跟小朋友吵架时，大人们首先会问"是谁先开始的"，被认为先做错的那一方就会被指责。但随着年龄的增长，很多时候我们在生活中学到的是，在复杂的人际关系中，有很多事情是无法通过辩驳、追究对方的责任就可以解决的。因为当每个人持有不同的观点，每个人都从自己的立场出发看待问题时，是很难去解决实际问题的。

在人际关系中，我们需要具备的最重要的能力之一不是追究彼此错误的能力，而是能够理解并协调彼此需求的能力。成年人之间能做到这一点都很不容易，更何况是与幼小的孩子们产生矛盾时，满足并协调彼此的需求更是难上加难。如果你的孩子还非常小，那么请尽量多把注意力放在怎样去适当并满足孩子的需求上，因为特别小的孩子还无法理解妈妈的需求。需求一直被父母满足的孩子，长大后也会更加信赖父母，站在父母的立场理解他们需求的能力也相对较强。

暂时抛开责任，多去观察孩子的内心

一整天都专注于照顾孩子是件非常辛苦的事情，再加上"育儿是幸福的"这种观念，就更容易让父母感到内疚。如果一开始就有"我是一个在养育孩子的妈妈，这是一件幸福的事，但我为什么会感觉这么累呢？"这种想法，那么接下来很快就会有负罪感。每个人都不想背负着负罪感生活，对所有人都非常亲切友好的人是很不想说"对不起"这句话的。他们为了不对别人感到愧疚，往往会尽自己最大的努力。换句话说，这些人往往会在感觉到自己身上有责任或是该对做错的事负责的时候，产生特别累的感受。

若抛开负罪感，暂时多去观察一下孩子的内心呢？孩子应该会很盼望周末能牵着爸爸妈妈的手出去玩。幼小的孩子还没有能力去理解妈妈的心或者爸爸的宿醉，他也还不能理解妈妈为什么会因为照顾自己而感到疲惫，爸爸喝醉酒后为什么会那么痛苦。孩子的伤心失望单单就是因为想要出去玩的需求没有被满足而已。但这时的我们忙于责备另一半，忙于追究责任，于是无法真正照顾到孩子的内心。

成熟的协调能力

这个事例当中的妈妈应该怎么做呢？

首先应该主动去理解孩子的心，然后向孩子道歉。这一点是当父母无法遵守与孩子的承诺时首先要做的事。应该对孩子说："宝贝，你肯定等这一天等了很久吧？但是妈妈明天没办法陪你去游乐园了，妈妈非常对不起你。"把责任推卸给丈夫是不会起任何作用的。

然后要去找一些可以跟孩子一起做的别的事情。找一个可以替代跟孩子一起去游乐园的事，最后如果能约定好下次去游乐园的时间就更好了。

生活中的种种疲惫可能会让你感觉到："为什么所有事都要我去承担？我自己的人生该去哪里找？我什么时候可以做我自己？"是的，在养育孩子的过程中，我们可能会时常感到丢失了真正的自己，时常也会感到害怕。但人们是以一个无比脆弱又需要百般照顾的存在方式来到这个世界上的。当我感觉非常疲累的时候，我会对妈妈这个角色进行一些思考。妈妈是一个负责且全心全意照顾孩子的存在，负担起如此神圣职责的妈妈也是一个无比尊贵的存在。当你想到这些的时候，就会自然而然地接受自己是一个妈妈的事实。

在孩子还小的时候，妈妈们可以趁孩子睡着的时间多休息休息，以此来储备体力；如果可能的话，也要多去接受一些周围人对自己的帮助。在休息的时间，可以边休息边多做一些自己喜欢的事。如果我们没有掌握好自己身体与心理上的节奏，便会逐渐对没有向你伸出援手的人感到失望。在照顾自己与放松心情的基础上，多从孩子的立场出发去想问题，直到孩子再长大一些。我相信这些努力是不会白费的。

共鸣角

在无法遵守与孩子的承诺时，请多站在孩子的立场上思考问题，然后向孩子说对不起。

例："妈妈也没办法呀，你别闹了！" ➡ "你期待了很久吧？但是妈妈没有办法遵守承诺了，妈妈很对不起你。"

当无法遵守与孩子的承诺时，请想出一个应对方案。

例："下次再去不就行了吗？" ➡ "我们来想想别的能做的事情吧。"

_____

_____

03 对于孩子的要求给出明确的反馈

替代"以后再说吧"

不想负责任或不耐烦时父母采取的模糊态度，
会在孩子心中埋下不安与不信任的种子。
当父母在孩子心里留下足够多的信任时，
孩子长大后就会成为一个值得信赖的人。

在我小的时候，我跟爸爸住在一起，偶尔才能见到妈妈。每次与妈妈分开时，我都问妈妈："妈妈，你下次什么时候来呀？"妈妈总是回答："嗯，下次再说吧。"每次我都哀切地望着渐行渐远的车，带着失落的心情回到家。之后，"下次"这个词给我留下了一些与众不同的记忆，也对我造成了一些伤痛，所以当我成为母亲之后，几乎没有对我的孩子说过"下次"这个词。

每次在超市里看到妈妈对想要玩具的孩子说"下次给你

买"时，我就会用不一样的眼光去看待她。当我听到这句话时，我就会停下来小心翼翼地观察那对孩子和妈妈。听到妈妈那句话的孩子看起来不太幸福。有的孩子会放下手里的玩具，安静地跟着妈妈继续走；有的孩子会继续追问"下次是什么时候啊"。面对孩子这样的问题，多数妈妈都不会给出一个准确的答复，她们或者装作不知情地继续挑选商品，或者大声对孩子说："下次再说嘛！没看到妈妈在忙着呢吗！"然后就走掉了。

信任和信赖具有重要的价值

有一些人非常信守承诺。每当看见连非常小的约定都会遵守的人，就会觉得他特别值得尊敬、值得信赖。当一个人长时间、一次又一次地信守承诺时，我们就会说这种人"有信用"。信用是在商业关系中，通过互相遵守约定的过程形成的人与人之间的条件性信任。

但父母和子女之间并不是信用的关系，而是信赖的关系。父母在养育孩子的过程中，一定要信赖自己的子女。其实父母也会经常被骗，孩子们有时会为了骗自己的父母而说一些谎话。但大多数父母都会选择原谅孩子，就算是会心痛，也会选择相信孩子，继续爱自己的孩子。当孩子哭着说"妈妈，我错了"的时候，父母之前充满了怨恨的心就会像雪一样慢慢融化，然后会忍不住去抱抱孩子。选择信赖并无条件地相信孩子是父母给孩子的礼物，也标志着父母拥有成熟的爱。因为孩子们认为那就是爱，在充满信赖的环境下长大的孩子，以后成为父母时也会把这份礼物传递给自己的子女。

只是，在孩子成长的过程中需要用一些不同的理解方式与接触方法。孩子会通过父母的一举一动去观察并学习怎样信赖父母，怎样去维持一段值得信赖的关系，所以父母的每一个言行举止都非常重要。因此，父母要努力在孩子的心中种下信赖的种子。

有一个叫作"客体永久性"的概念，这个概念的意思是："即使个体不能感知到物体的存在，它们仍然是存在的。"如果本来一直坐在客厅的孩子回到了自己的房间，我们能知道孩子现在在自己的房间里。但是，孩子在满两周岁之前是不懂这个道理的。这时，当孩子看不见妈妈时，就会认为妈妈消失了。所以一旦看不见妈妈，孩子就会开始哭闹；当妈妈重新出现时，他们的眼泪就会立刻止住。之后，当妈妈出现时，孩子就会安心，暂时看不见妈妈时也不会立刻哭，而是开始四处寻找。再发展到后来，当妈妈不在身边时，孩子也会自己一个人开心地玩，等着妈妈出现。因为孩子知道就算妈妈现在暂时出去了，最后还是会回来。就算看不见妈妈，也知道妈妈的存在。当孩子还处于这种时期时，就算不是妈妈，只要有一个保护人持续性地给孩子安全感的话，"客体永久性"概念就会渐渐被孩子接纳。

含糊其词中的责任回避

对于孩子来说，爸爸妈妈就是他的整个世界，所以孩子会相信父母的每一句话，等待父母说的每一个瞬间。虽然等待的过程可能充满了煎熬，但是有无明确的期限对孩子心理产生的影响是截然不同的。

职场妈妈去上班前，看见孩子一脸伤心地问"妈妈什么时候回来呀"，都会感到无比心痛。虽然会心痛，但是当妈妈每天都非常有规律地上下班时，孩子很快就会适应。对于一直都跟妈妈在一起的孩子来说，妈妈的突然离开会使其感到非常不安。这时，妈妈们通常都会说"马上就回来""一会儿就好"，但是孩子们对于"马上"和"一会儿"是毫无概念的。所以当妈妈口中的"一会儿"过去后妈妈再回来时，孩子就会哭闹、生气。"不是说一会儿就回来吗！我讨厌妈妈！"孩子会有这样的表现。

当孩子有什么请求时，也有很多父母会选择含糊其词地回答。当父母对孩子说"下一次吧"，是不是意味着父母不想对自己说出的话负责呢？如果给出一个准确的答复，就意味着要对自己说过的话负责，所以有必要去思考一下含糊其词的回答是否是回避责任的一种表现方式。成为父母就意味着要负责任，其实父母也是在履行责任的过程中成长起来的。因此，就算这个过程中充满了艰难，也确实有努力的必要。

用具体的解释说明替代含糊其词

如果想让孩子信任妈妈，妈妈应该做些什么呢？

例如，在超市购物的时候，如果孩子缠着你给他买玩具的话，请不要对孩子含糊其词地回答"下次吧"，就算需要一点时间，也请对孩子进行具体的解释说明。首先决定是要接受还是拒绝孩子的请求，如果心里是 Yes，但现实是 No 的话，请先回答 No。这时，非常重要的一点就是要给出充分的理由。虽然所有妈妈都想把世界上最好的给孩子，但要记住的是，孩子是通过观察妈妈的一举一动来对信任、信赖产生了解的。所以，不论是对孩子说"等到下个月你生日的时候给你买"，还是说"圣诞节的时候给你买"，请跟孩子约定好一个时间，而这些约定也一定要去遵守。

在社会生活中，人们之间经常会说一句"等哪天见一面吧"，但其实无论是听到对方说出这句话还是自己说出这句话时，我们都知道那只是说说而已，并不会真正实现，甚至在大多数的时候还会觉得"这次的见面可能就是最后一次了吧"。但有些人却会拿出日历约好下次见面的日子，这样的人是不会乱说话的。与孩子对话的时候也是同样的道理，如果是 Yes 的话，要具体说明会是什么时候；如果这个 Yes 带有条件的话，也要把条件说清楚。如果为了买这个玩具需要让孩子攒一些零花钱，也要把具体的金额说清楚。不要为了一时的不耐烦而含糊其词地回答孩子的问题，通过一些一贯的、有信用的方式去沟通才会更有效率。

在超市购物的时候，
如果孩子缠着你给他买玩具的话，
请不要对孩子含糊其词地回答
"下次吧"，
就算需要一点时间，
也请对孩子进行具体的解释说明。

共鸣角

在孩子一直使着小性子，缠着你要求一些事情时，
请决定对孩子的需求说"Yes"还是"No"。
请向孩子说明其具体原因。

例："下次给你买。" ➡ "一个月后你生日那天给你买。" or "圣诞节那天给你买。"

"妈妈什么时候回来？" ➡ "钟表里最短的那根针在 2 和 3 之间的时候妈妈就回来。如果感觉会晚的话妈妈会打电话给你的。"

_____

_____

04 保护孩子的同时教会他分清你我

替代 "妈妈要叫警察叔叔来了！"

孩子们是通过自我思考的机会而健康正直地成长的，
而不是通过羞耻心与恐惧心理。

有一天跟孩子逛完超市之后，开车回家时看见孩子正在吃糖。但我记得没有把糖放进购物车里，结账的时候也没有看到过糖。当我问孩子是不是直接从货架上拿了一个而没有付钱时，孩子却说是从地上捡的。随着我的继续追问，孩子就只是一边哭一边说是从地上捡的。无法相信的我对孩子说道："你下次要是再敢这样就等着被妈妈骂吧，到时候妈妈把你带到警察局。"

虽然我知道不应该对孩子说这样的话，但是说实话，在这种情况发生时，我不知道该怎么办。

孩子在幼儿期时，还不具有换位思考或替别人着想的能力。因为在这段时期内，孩子是以自我为中心的，分不清你我。因此，这时孩子会用第三人称，比如说"给宰莲"，而不是说"给我"。所以处于幼儿时期的孩子还不知道有些东西是要用钱去换的，也不知道直接把东西拿回家是对是错。有的孩子潜意识里可能知道有些东西不能直接拿，所以会四处观望；有些孩子只是毫无想法地直接拿了，因为孩子还不能以大人的思考方式去想事情。所以，孩子们对"偷"是没有概念的，这样会导致孩子把喜欢的东西从超市拿到家里。如果这时妈妈以大人的标准去责骂孩子的话，大部分孩子会变得畏畏缩缩，从而选择说谎。

孩子拿别人的东西时该怎么办呢

如果在一个能够立即处理的情况下，妈妈可以给孩子示范该怎么做，然后好好教导孩子。但是，如果妈妈没有控制好自己的情绪，大声呵斥孩子的话，孩子会受到惊吓。因为当大人反应过度时，孩子会本能地选择隐藏。

出现问题时，解决的方法其实很简单。

首先，告诉孩子这不是你的，这个东西另有主人。

虽然孩子会哭闹，但是要教导孩子应该归还的道理。这时，父母应选择以正确方法教育孩子自己的东西要好好守护，而别人的东西应该好好归还，而不是选择让孩子受到惩罚。

其次，让孩子思考什么是正确的，然后以身示范。

如果是像棒棒糖一样的东西，正好孩子在吃，而且已经从超市出来走在回家的路上，你可能会比较纠结。因为已经教导了孩子这是不对的行为，想重新回去又觉得麻烦，所以心里一定会非常矛盾。像这样的情况，在孩子拿了别人的东西时，要先在心里做出选择：是要选择便利，还是要选择做正确的事。

记得我的孩子还比较小的时候，有一天，我带他去了亲子餐厅。因为那家亲子餐厅离孩子的幼儿园很近，所以平时也经常带他去。那天也像往常一样，儿子在那里玩得很开心。但是在走回家的路上，我发现儿子的手里拿着什么东西。确认之后，发现是一个小的乐高人偶。看到儿子畏畏缩缩、不敢拿给我看的神情，我的直觉告诉我，那个玩偶可能是孩子从亲子餐厅里拿的。当时我的想法是："啊，原来是他从亲子餐厅里偷来的。"

我问孩子玩具是从哪里来的，孩子回答说是捡的。我生气地向孩子吼道："那又不是你的！你怎么能随便拿来呢！"我逼问孩子，想让他说出实话。结果孩子说是从亲子餐厅的地上捡来的。

那一瞬间，我非常纠结。"为了这么小的东西还要再返回去还给人家吗？像他这样的孩子也肯定不是一两个……"但最后我还是不嫌麻烦地返回去把玩具还给了老板。我把孩子带到亲子餐厅，当着老板的面训斥了孩子，说："我家孩子把店里的这个玩具拿回去了。"我认为只有这么做，孩子以后才不会再做出这种行为。虽然把玩具重新交回店里是一个正确的选择，但我至今都在后悔当时回家路上向孩子发的火，以及我把他当成小偷这种让他感到羞耻和害怕的行为。

当孩子做错事时，有些情况可以立即解决，但有些情况无法马上解决。不论是何种情况，我都建议不要因为太心急就过分批评孩子，从而把孩子视作一个罪人。

当孩子拿了别人的东西时，很多妈妈会不知所措。妈妈们不理解孩子为什么会做出这样的事，也不知道该怎么办，这种不安的想法使妈妈们失去了进行正确判断的理智。

当孩子拿了不属于自己的东西时，请冷静地看着孩子的眼睛问他。也许孩子会回答"是从游乐场捡的""有人把它扔了，所以我就捡回来了"。这时，请告诉孩子拿别人的东西要得到别人的允许。然后对孩子说，你拿回来的这个东西对别人来说可能很重要；如果是公共玩具的话，要告诉孩子玩完之后一定要放回原位。要记住，无论处于什么样的情况，我们的目的都是教导孩子做事时"正确的方式"。孩子这么做可能是因为还不懂得一些道理，所以不要以成年人的标准去判断孩子，而要把它视作一次教导孩子"分清你我"的机会。

为什么有些孩子明明知道是错的 依然还会拿别人的东西呢

如果孩子已经上到小学五六年级了，还是有拿别人东西的习惯，那么，父母有必要思考一下是不是孩子的心理出了问题，或者孩子有这种行为是不是为了获取你们更多的关心。虽然这个年龄段的孩子都应该懂得，拿别人的东西无论是从法律上还是道德上都是不好的行为，这跟幼儿时期因为单纯想吃就随随便便拿一根棒棒糖的性质不同，所以不能对其进行合理化，但也有必要从情感上去理解孩子。

虽然你会感到害怕、不安、担忧，但请你思考一下孩子是否需要更多的关心、照顾和爱。这不是说让你容忍孩子的错误行为，而是要去思考孩子是否有其他的动机或意图。如果想要把孩子往正确的方向引导，那么当孩子做出一些行为时，了解孩子行为背后的原因就非常重要了。

共鸣角

当孩子在没有得到允许的情况下拿了他人的东西时，请与孩子一起慢慢解决问题。

◎ 当孩子从某个地方拿了什么东西回家时，请先问东西是从哪里来的，就算接下来孩子会对其进行辩解，也请听孩子说完。

"这个东西妈妈没有给你买过呀，你能告诉妈妈是怎么回事吗？"

◎ 当了解完孩子行为背后的动机时，请告诉他这是错误的行为，然后与孩子一起解决问题。

"你原来想要这个呀，妈妈了解了。但是随随便便就把这个拿回家的话，会有人伤心的，尤其是这个东西的主人。"

"怎么解决好呢？"

"现在跟妈妈一起去向主人道歉，然后把东西还给主人好不好呀？"

◎ 让孩子复述，这样的行为是不对的。

同时让他承诺你不会再做这样的事情。

"要仔细记住妈妈的话，不是自己的东西，一定要问过主人，同意之后才能碰，知道了吗？"

05 告诉孩子诚实的重要性
替代 "以后还说谎吗?"

　　我们会以各种各样的原因说谎,孩子们也会学着我们的样子长大。令人哭笑不得的是,我们平时教育孩子要做一个正直的人,却时常让孩子看到我们说谎的一面。

承认每一个人都会说谎

　　我的孩子在成长的过程中也时常说谎。孩子读小学一二年级时,班主任打电话来说他打了别的小朋友。老师在电话里说:"虽然我已经解决了孩子们之间的矛盾,但还是希望您能给那个孩子的家长打电话道个歉。"我先向孩子询问了当时的情况。孩子回答说是因为对方先动了手,他觉得不能光挨打,就还手了。我在跟那个小朋友的家长打电话时说道:"孩子一定很疼吧,非常抱歉。但听说我的孩子也被打了,希望以后孩子们能够好好相处。"对方家长说:"之前不知道。但如果我家孩子也动手了,我们以后也会好好教导他,让他注意,抱歉。"

但是没到 30 分钟,对方的电话又打过来了。对方家长说重新问了一下自己的孩子,孩子却说自己从来没有动过手。所以我也重新问了一下儿子,儿子却闹着说自己真的被打了。

我对对方妈妈说:"我的孩子明明说自己也被打了。虽然不知道事实是怎样的,但我还是想去相信我儿子说的话。"然后就挂了,挂电话的时候双方的氛围并不太友好。当时我的想法是:"你家孩子说的话就是事实,我家孩子说的话就是谎话吗?"所以心里有点不愉快。

但那天晚上,孩子坦言说自己没有被打。我大声向孩子喊道:"那你应该在妈妈打电话过去之前就告诉妈妈呀!""那位妈妈该怎么看待我呀",这种想法一直盘旋在我脑海里,让我感到非常纠结。纠结到最后,我对孩子说:"谁都可能会说谎,妈妈也有说谎的时候,但这是不对的。因为说谎会给我们身边的人造成伤害。那应该要怎么办呢?要鼓起勇气去说实话。妈妈来帮你。"然后我重新把电话打过去,向对方妈妈传达了事情的真实经过,然后道了歉。

我的儿子明明知道会真相大白,为什么还会选择说谎呢?可能是因为感到不安。在刹那间需要保护自己的时候,我们往往会选择说谎。另外,当不想让对方感到不愉快时,我们还会说一些善意的谎言。有时就只是为了单纯的好玩，说谎的时候都不知道结果会怎样。我们对说谎这一行为持否定态度，所以当孩子说谎时，我们会感到不安与担忧，认为孩子应该改掉说谎的行为。

说谎是孩子成长中的一部分

我三岁多的孩子开始说谎了。有一次在外面走了不一会儿，孩子就对我说："抱抱，抱抱。"因为当时我也非常累，手上还拿着东西，就没有抱他。结果，孩子却突然皱着眉头说："肚子疼。妈妈，我肚子疼。"我当时真是感觉哭笑不得，心里想道："这么小竟然还会演戏？"

有时，妈妈认为的谎话，也许就是孩子认为的事实。发展心理学家康利认为，说谎是孩子成长过程中非常重要的一部分。他称，说谎行为是孩子逐渐具备解读他人心理能力的表现，也是孩子逐渐具备调节自身感情与言行能力的表现。康利所说的两种能力是我们人生中所必备的要素。

解读他人心理的能力

说谎怎么会与解读他人心理的能力产生联系呢？我们是在认为对方可能不知道实情的前提下，才去说谎的。我的孩子可能以为我看不穿他的谎话，孩子是解读了我的心理之后才选择说谎而称自己也是受害者的。这是区别于判断对与错的能力之外的另一种能力。如果不用于说谎，那么解读他人心理的能力将成为能够与对方产生共鸣的重要资源。

能够推测并解读他人的心理，就说明容易与他人产生共鸣，因此将很快融入社会生活并拥有良好的人际关系。

调节自身感情的能力

在成年人当中，也有很多把喜怒哀乐全都体现在脸上的人。对于这种人来说，只要看到他脸上的表情就能知道他此时此刻的心情。但对于大部分成年人来说，有时虽然心里不喜欢，却能装出一副很喜欢的样子；即使感到非常不愉快，也能做出心满意足的表情。这都是因为具备了调节自身感情、言语以及行动的能力，这就是所谓的自控力。当问孩子："你写完作业了吗？"有的孩子会若无其事地回答说："今天没有作业。"有的孩子却会满脸涨红，说话开始磕磕巴巴。

像后者的情况，大部分父母都能察觉到孩子在说谎。但是在多数情况下，父母们以为很容易就能够识别孩子是否在说谎，其实却不然。因为孩子的控制力在逐渐变强，因此，就算他们有时候不说实话，家长们也无法察觉到。

如果是这样，那么到底有多少孩子在对父母说谎呢？其实只要是父母，肯定都会有过至少一两次被孩子的谎话骗过去的经历。但孩子说谎也不是最恶劣的行为，自控力在人生当中是一个非常重要的能力。康利认为，说谎行为标志着一个人具备了"能解读他人心理的能力，调节自身言行的能力"，所以从这一角度来说，孩子的第一次说谎是一件值得庆祝的事件。因为这也是在社会生活中必备的能力之一。

如果想让孩子成为一个正直的人那么请给予孩子正直的勇气

在孩子的成长过程中，说谎是一件非常普遍的事情。但为什么有些孩子选择反省自己的错误，说出事实，而有些孩子却直到最后都不愿意说出实话，选择把真相埋藏在心底呢?

对父母说谎的行为和人们在社会生活中说谎的行为其实是存在一定差别的。有时，孩子选择说谎是为了不让父母感到失望，这也可以看作因为想要获得父母的爱。首要原因是害怕，但最终原因是为了不让父母失望，因为害怕父母会收回对自己的爱。

我们一直教导孩子说谎是不好的行为，是坏人才会做出的行为，也曾威胁孩子一旦说谎就会受到惩罚，甚至发出了一旦说谎就不会再爱他们的信号。

在人们所具备的能力中，最有价值的一项能力就是后悔的能力。懂得对自己的言行举止后悔的人也说明他懂得正直的价值，后悔即是一种对自己过去不正当行为进行反思的能力。谎言是与后悔的能力连接在一起的，虽然有时我们会为了回避某些瞬间而选择说谎，但是过了一段时间后，就会对自己的行为感到后悔。为什么会对自己的行为感到后悔呢？因为自己的良知知道说谎是一件不正确的事。我们有必要去倾听自己内心的良知，并思考建立正直人际关系的重要性。

那么，我们应该教会孩子一些怎样的东西呢？与其告诉孩子说谎是一件不好的事，说谎的人都是坏人，不如告诉孩子正直的重要性，告诉孩子成为一个正直的人是一件多么具有成就感的事。细心告诉孩子为什么谁都会说谎，有些人最后却选择了回归正直，并告诉他回归正直是一个充满勇气的选择。

说谎时，心里感到不舒服是人的本能，我想孩子们也是一样的。但我们需要帮助孩子，告诉孩子"谁都会说一些不符合事实的话，但是谎言可能会对身边的人造成伤害，所以要鼓起勇气纠正自己的错误。"如果对孩子说："你要是再敢说谎，看我怎么教训你"，可能就会错过把孩子引向正路的好机会。但如果对孩子说"如果你感觉不舒服的话，要对妈妈实话实说。妈妈会帮助你的"，孩子这时会感到安心，其内心的波动会减少，也会逐渐恢复对父母的信任。孩子会觉得："啊，只要我说实话，妈妈就会理解我、帮助我。"这时，孩子就会开始表达自己。人在感到恐惧的时候会选择沉默，而在感觉心安的时候会选择坦白，请帮助孩子找回勇气并能坦白事实。能够引导孩子走向正直的力量并不来自杜绝孩子任何一次说谎的机会，而是来自给予孩子足够的勇气找回正直。

共鸣角

当感觉孩子在说谎时，请这样问孩子。

"你再说谎试试？"

➡ "你说的这些话跟妈妈所知道的事实有点不一样，所以妈妈现在不知道该怎么办，你可以说得再清楚一点吗？"

对孩子的坦白表示感谢。

"谁让你说谎了！"

➡ "谢谢你向妈妈坦白。你真棒。"

帮助孩子找回勇气与正直。

"以后不许再说谎了。"

➡ "谁都会说谎。但是在妈妈看来，有两点是不好的。第一，你心里肯定也不好受，会觉得过意不去。第二，你的谎言可能会让某些人感到很不好受。所以需要鼓起勇气去坦白事实，爸爸妈妈会帮助你的。"

06 责备之前，先了解孩子想要的是什么

替代"这孩子到底像谁啊！"

喜欢表达自己意见的孩子之所以会辛苦，
不是因为孩子本身有问题，而是因为我们还不够成熟。
孩子们天生就不爱听父母的话。

当孩子总是对父母说"不要，不要"时，父母多少都会觉得很疲惫。如果孩子拒绝做一些大人们认为理所当然的事，并且还不断地耍小性子、不听话，父母们会觉得不知所措，甚至感到非常生气。

真是孩子的错吗

这时，父母在无意中也许会说一句："真不知道这孩子像

谁！"这其实是一句杀伤力非常强的话。小时候，爸爸骂我打我时，总会对我说："你都是因为随了你妈。"其实我的外貌是随爸爸的，所以每当被爸爸打完照镜子时，我都会不知所措。因为我觉得"我长得像爸爸，但是为什么爸爸说我随了妈妈呢？随妈妈是一件不好的事吗？"父亲把从与母亲之间的矛盾中引发的愤怒与挫败感宣泄到我身上（转致），从而对自己的错误视而不见，一直埋怨我（投射），对我行使暴力。我父亲把自己极其主观的想法与感情全部宣泄到幼小的女儿身上，这就叫"转致"，转致是指把与 A 产生的感情转移至 B 的行为。接着父亲就把自身的原因全都推向我，这就叫"投射"。

假如有一天妈妈出去见朋友，却带着不好的心情回到家，如果这一天孩子恰好没有收拾好房间或没有刷牙的话，被妈妈批评的概率是比平时要大的。因为妈妈会把自己的负面情绪宣泄给孩子，然后责骂孩子。妈妈可能会对孩子说："你要是把房间收拾好了，牙也刷了，妈妈会骂你吗？"这也是责骂的一种方式。

转致与投射是人们在生活中为了保护自己而采取的自我防御机制。这些行为大部分都是习惯性的自然现象，但是在防御机制中也是有差异的。

1. 有些人将自己的防御机制当成事实并转移自己的

感情；

2. 有些人清楚自己在使用怎样的防御机制。

在生活中，有时人们不得不使用有利于自己的防御机制，但重要的是要意识到自己目前正在使用防御机制。如果能够意识到"啊，原来我正在把自己从外面带回来的负面情绪宣泄给孩子"，那么接下来就可以稍微改变一下自己的态度与言行举止。能够意识到这一点的人生和意识不到这一点的人生是有非常大的差别的。如果能够意识到的话，就说明可以去思考该怎样改变自己的言行举止，从而彻底改变自己。而意识不到自己在使用防御机制的人，只会继续强化使用那种防御机制。

如果父母持续不断地将自己的负面情绪投射到孩子身上，一方面孩子的自尊心会受挫，另一方面，孩子长大了也会像自己的父母一样无法对自己的言行负责，形成怨天尤人的性格。如果孩子总是不肯接受父母的建议，固执己见，那么请先思考一下，作为父母的自己是否在用转致与投射等心理防御机制对待孩子。

孩子有时和父母非常相似
但同时又完全不同

如果仔细观察孩子的一举一动，你会发现，孩子竟与你惊人地相似。虽然父母们拒绝承认这一点，但其实孩子们大部分的不良行为都继承了父母们的样子。即使是这样，当孩子继承了父母的一些缺点，而这些缺点正好是父母最不希望从孩子身上看到的时，为了拒绝接受现实，父母会加倍责备孩子，从而对孩子说出一些本应对自己说的话。在进行对话训练的过程中，很多家长会这样说："我最不希望看到的就是孩子继承我这一点，但不知道为什么孩子在这一点上简直跟我一模一样。每当看见孩子这个样子时，我都会像对待别人一样，装作无法理解的样子去责备孩子。"

也有相反的情况。当子女像极了与自己截然不同的配偶时，我们也会感到非常郁闷。

跟丈夫结婚的时候，我很喜欢他爱干净、爱整洁的习惯。但是在之后的婚姻生活中，我发现他只要出一趟远门，就会花一个小时以上的时间去准备行李；而且只要发现有一根头发，就会不睡觉，熬夜打扫卫生。因为我的工作经常会出差，所以不论在哪儿，我都是一沾枕头就能睡着，不管脏与不脏。于是这些年，由于实在无法理解丈夫这一行为，我也常常感到郁闷。但我的儿子竟然跟他爸爸一模一样，每次我都劝他差不多就行了，但因为孩子总是花太多时间在清扫上，让我经常感到很崩溃。

很多父母会谈论有关兄弟姐妹之间差异的问题。因为就算是生长在一样的环境，拥有一样的父母，但很多兄弟姐妹的性格却千差万别；而在某些方面，却又与父母有如此惊人的相似之处，大家对这一点会感到很惊讶。

每当听到有人谈论这方面的问题时，我都会觉得与其费尽心思地去了解孩子的一举一动，不如接受孩子最原本的样子，这样孩子在成长过程中肯定能够收获更多的幸福。其实很多父母责备孩子的原因单单就是自己对孩子的行为不满意，而不是孩子真的做错了。

前不久我看了一篇让人非常心痛的报道。在某地的一所中学里，一名中学生持刀把同班同学捅伤，被捅的同学危在旦夕。点开报道内容仔细一看，原来是因为加害学生平时不断受被害学生欺负，过去也曾因此接受过老师的咨询。这就是加害学生持刀捅伤同班同学的动机与原因。我们不知道平时不断被受害学生欺负的加害学生，在家里与父母的关系是怎样的，或者是否与父母谈论过这方面的问题。但是每当我们看到这样的新闻时，往往都会站在第三者的立场上云淡风轻地说："这孩子肯定是随了他的父母。"

同样作为孩子家长的我们，绝不可以这样随意评论其他父母，因为双方父母肯定都因此事感到非常痛苦与煎熬。其实就算不是这样严重的事，在面对一些比较小的事情时，我们也会不经意间随口说出"孩子随了父母"之类的话语。但不是孩子所有的言行举止都是从父母那里学到的。这种想法反倒会引起一些问题，或加重父母的负罪感与羞耻心。最重要的是对一些因自己的孩子而饱受痛苦的人表示理解，并与孩子商讨解决问题的办法，选择一条对双方都有利的道路。

替代责备对方的话语

想对孩子说"真不知道你是随了谁才这么固执"时，我们应该怎么办呢？

如果责备孩子，孩子可能会又哭又闹。这时请思考一下自己是否单单只是因为看不惯孩子的一些行为，还是因为孩子的这一行为像极了某个自己不喜欢的人，或者自己正在把从别的地方带来的负面情绪投射给孩子，才责备孩子的。如果孩子的某些行为不是错误的，或不是危险的，或对他人不会造成伤害，但仅仅觉得孩子可以考虑更好的方法或可能性时，可以向孩子提案。面对比较固执的孩子，我们在责备他们之前，需要努力思考一下孩子此刻真正需要的是什么。

共鸣角

在孩子固执地使小性子时，
最重要的一点是，

不去打断孩子的话，把孩子的话认认真真听到最后。

"你这样反抗是不是说明你还有别的想法呢？"
"你不这样大喊大叫，妈妈也可以好好倾听你说的话。"

请劝导孩子，
告诉孩子有效的解决方法。

"妈妈觉得别的方法或许比那个方法更有效，你再好好想想。"
"你再想想在这些方法中你最喜欢哪一个，然后告诉妈妈。"
"只有停止大喊大叫才对你有好处。因为只有这样，妈妈才能更好地理解你说的话。"

07 什么都要问的孩子，
帮助他自信，独立思考

替代“你能不能自己做！”

如果曾经为你操办一切事情的人突然离开，

即使是微不足道的小事，你也很难应付。

让孩子自己一点一点去尝试做一些事情，

放开手，孩子的自律性会慢慢提高。

　　有一位儿科医生曾经说："当检查孩子的健康状态时，我经常会问孩子们最喜欢的食物是什么。但我发现每当这时，大多数孩子都不会自己回答，而是抬头看着自己的妈妈。这也就是说，自己喜欢的东西要去问妈妈。每当我看见这些连自己最喜欢吃的食物都答不上来，还要抬头看看妈妈的孩子时，我会感到非常担忧。"

在压抑环境中长大的父母
同样也会压抑自己的孩子

虽然每一位父母成长的家庭环境都不尽相同，但共同点是，在他们成长的过程中，或多或少都受到过父母有形或无形的压抑。小时候我们想要说话时，大人们常会说："闭嘴，没有礼貌！"当我们想哭时，大人们就会说："别哭，有什么可哭的！"当我们感到委屈、生气时，大人们就会说："忍着！"我们或多或少都是在充满有形或无形的压制当中成长的，我们还没有来得及表达自己的想法、选择自己的行动方式，就在不知不觉中长大了。长大后发现没有人再来压抑我们了，我们却选择自己压抑自己，还会以同样的方式压抑自己的孩子。这就是我们不能和孩子顺利沟通的原因。因为与孩子的对话已经充分反映了我们的想法与意识。

我从小就不太爱说话。成为大人以后，我也非常害怕在很多人面前表达自己的想法。每次我的脸都会涨得通红，心跳加快，总感觉自己一个人不行。自然而然地，我变成了一个内向的人，人们也都评价说我很内向。现在，在很多人面前说话对我来说就是一件害羞、难为情的事。但在内心深处，我很渴望表达自己。这种诉求是不会消失的，我也想成为一个善于表达自己的人，我也很羡慕那些外向的人。

虽然不是每个人都如此，但是在压抑或恐惧的环境中，人们是无法充分发挥创造力的，因为人们会自然而然地采取保护自己的自我防御机制。

在组织当中也是一样。当领导说"来，都说说自己的意见吧"，主动表达自己意见的员工寥寥无几，大多数员工都认为"不小心说错话是要负责任的""说了也没有用，最后还是会按照领导的意愿进行""按领导说的做至少不用背黑锅"。

其实这种处理方式对孩子们来说也一样。生活在压抑环境下的人，相比于挑战，他们更喜欢被动地接受，只想按照自己熟悉的方式去行动。上个事例中的主人公是因为在充满压抑的环境中成长，无奈中把自己锁在了里面，让自己只能在既有的框架中进行活动。

所有问题都要问妈妈，过于依赖的孩子

现在的孩子们会问个不停。

"妈妈，我能去卫生间吗？"

"妈妈，我能吃饭吗？"

"妈妈，我能做这个吗？"

"妈妈，我不能做这个吗？"

"妈妈，我接下来要干什么？"

"妈妈，我可以玩了吗？"

依赖对应的是被动的行为，独立对应的是有选择性的、自律的行为。为了让孩子在独立和依赖之间平衡发展，我们应该怎么做呢？

对于孩子们来说，他们需要的仅仅是独立和依赖两者中的一个吗？

每个孩子都带着自己独一无二的特质和才能来到这个世界上。在养育孩子的过程中，我们大部分人都忽略了孩子们的特质和才能，所以我们费尽心思要挖掘孩子的才能，以自认为正确的方式强迫他们、压制他们。但恰恰相反，我们越是这样，就会离发现孩子们的梦想与才能越远。

那么，我们在平时要怎样把握好分寸呢？什么时候要干预？什么时候要放手让孩子自己去做呢？其实这个问题没有正确答案。重要的是，在将来的某一天，孩子注定要离开我们身边，自己独立。希望在那时，作为父母的我们能够不留遗憾，孩子也能无所畏惧地勇敢离开。

如果感觉孩子过度依赖你的话，请思考一下平时的你是否对孩子所有的事都进行了干预。我们时常为了保护孩子而阻止孩子的某些行为，为了培养孩子的礼节而克制他们，有时也为了让孩子能更加勇敢而抛下他们。但我们有必要问问自己，在所有这些过程中，我们是否让孩子也参与了进来。也就是说，我们有没有在与孩子的沟通中让孩子自己做选择。大部分的父母其实都在以自己所谓的标准去要求孩子，以至于在孩子的成长过程中，我们错过了孩子自己的许多声音与见解。

每个孩子都带着自己独一无二的
特质和才能来到这个世界上。
在养育孩子的过程中，
我们大部分人都忽略了孩子的特质和才能。

我曾经也是如此。当孩子问我："妈妈，我能去卫生间吗？"我突然不知所措地对孩子说："在家里去卫生间为什么还要问妈妈？直接去不就好了。"然后，我问自己："在过去的时间里，我是不是太过于限制孩子的行为了？"许许多多的事件浮现在我的脑海里，我陷入了深深的反思。回忆起没有充分尊重孩子意愿的那些阶段，我思考了很久以后，试图找出该用怎样的方式与孩子交流。

当你看到这里时，如果恰好也有"我的孩子也会向我询问所有事情"这种想法，那么，我欢迎你加入我们。我们都有一个职责，这个职责不是说要放任孩子独立成长或让孩子继续依赖别人，而是努力让我们与孩子彼此依赖的同时也能彼此独立地成长、生活。

一步步自己向前走的孩子

不会有人要求一个还在爬的孩子马上站起来自己走，你肯定会抓住他的手，在他要摔倒之前就准备好抱起他。当孩子刚刚会走时，时刻陪在孩子的身边，生怕他会摔倒受伤，所有的事情都会经历这样一个过程。每个人都需要爱的力量、关心的眼神与近在咫尺的陪伴。

不要因觉得孩子太过依赖你而感到不安，因为从另一个角度来看，孩子和妈妈保持亲近感是一件好事。只是，我们需要帮助孩子，让他们自己去做选择，从而使他们能够更好地生存在这个世界上。如果你过去替孩子操办了所有的事，以至于孩子无法也不想去独立完成任何事，那也没关系，从现在开始好好帮助孩子就可以了。请你也不要因自己过去的养育方式而过多地责备自己，一切都是因为你深爱着你的孩子。也不要以"这孩子到底是像谁才这么懦弱、依赖别人啊？"这种话去责骂孩子，每个孩子都有自己的特点，可能你的孩子只是比同龄的孩子稍微谨慎、细心了一点。希望我们都相信，即使不通过互相指责的方式，我们也能让孩子在依赖和独立之间找到平衡，从而健康地成长。

共鸣角

不要突然就放手让孩子自己去做，
而是从一些小事开始，
在做决定的过程中让孩子参与进来，
一点一点帮助孩子独立成长。

"自己做！你能做到的！"
➡ "从这儿到那儿你自己试试看，妈妈会在旁边看着你。"

如果孩子自己做到了，请为这有意义的成果小小庆祝一下。

"很棒。"
➡ "妈妈看到你这么努力，真的很开心。"
——用祝贺代替称赞

08 帮助孩子养成照顾自己的能力

替代"你傻啊，就等着被别人利用吧"

　　我的孩子太善良、太单纯了，我很担心他，他连自己的观点都不会表达，只会一味地让步。有一天我和孩子一起去了亲子餐厅，别人家的孩子为了滑滑梯会一股脑地全拥上去排队，但他却畏畏缩缩地站在那里，不敢去排队。他一直被其他要排队的小朋友挤下来，一直在那里站着。突然，后面一个要上去排队的小朋友不小心把我家孩子碰倒了。我一直看着他的反应，他却哭着跑到我这里。我没法每次都对别人家的孩子说什么，就对他说："为什么傻傻地站在那里呀？一起上去排队不就好了吗？"但心里却很不是滋味。这种事已经不是一次两次了，我该怎么办呢？

　　亲子餐厅是一个很适合观察自己孩子与别的小朋友如何进行交流互动的好场所。在亲子餐厅里，孩子们能自己玩，妈妈们也能围在一起喝茶、聊天。虽然相互交流的时间很愉快也很重要，但请仔细观察一下自己孩子玩耍的方式。在观察自己孩子在人群中的行为与表现时，你能够获得很多有助于了解孩子的信息。平时你可能会觉得很了解自己的孩子，但在观察的过程中，你也许会惊讶于孩子竟如此陌生。

在养育孩子的过程中，不论是在亲子餐厅、幼儿园还是学校，你的孩子也许都有过一两次这种经历：只会一味地让步，自己的东西被抢走，被其他人打，只会哭着回来。每当孩子从外面吃了亏回来，心急如焚的妈妈们可能都会说这样的话。

"你怎么能傻傻地站在那里呢？你要反击回去呀。怎么能吃亏呢？你傻啊？轮到你了，你怎么不说呢？"

因为太过伤心，妈妈们有时还会指责别人家的孩子，这一不小心就会变成妈妈之间的战争。有时，还会对对方妈妈说："我说，不懂先来后到吗？能不能让你的孩子守点秩序？"看到这一幕的孩子这时会不安地对妈妈说："妈妈，我没关系的。"妈妈们虽然很怕自己的孩子太具有攻击性，但也很怕自己的孩子在外面傻傻的，只会吃亏。有时我们还会说："孩子在外面挨打还不如孩子去打别人呢。"为什么有些孩子只会傻傻地自己忍着呢？为什么有些孩子不敢说出自己想要的东西呢？

沉默与压抑

挤过番茄酱吗？如果轻轻地挤，酱会一点一点地出来；但如果瓶口堵了仍然使劲挤压的话，会"砰"的一下全喷出来。人的心理也是一样的。挤压人的心不是一件自然的事。人们的心可以像水一样平静，但如果长时间被压抑的话，就会从里面开始爆发。

如果总是有人压抑自己，对自己下命令，那么：

1. 从表面上来看，自己可能会顺从那个人，但是越被压抑，心中想要抵抗与报复的欲望就会越强烈；
2. 因为感到心中无力，便会愈发顺从与屈服。

我们要怎样帮助那些只会一味让步、很乖、很善良的孩子呢？虽然在别人眼里看起来是好的，但作为妈妈，一想到自己的孩子要以这样的性格在这个世界上生存下去，就会陷入无限的担心。我们该怎样帮助这些孩子呢？

首先，我们要反省一下做父母以来自己的种种行为。我们是否总对孩子说"要懂得让步""不能打人""要忍着""人要善良一点""安静一点""你这样人们会讨厌你的"，用这种话来压抑孩子呢？

前不久，我参加过一个课程。带领我们上课的老师让我们说出自己"不知为什么就是喜欢的一些东西，不知为什么就是讨厌的一些东西"，这是让我们找出无意识间被自己压抑的一些东西，我们都以轻松的心态开始找。虽然不知道为什么，但我就是喜欢秋天；虽然不知道为什么，我就是讨厌芹菜。在轻松愉快的氛围下，大家陆续开始说："不知为什么，我就是讨厌这个……不知为什么，我就是喜欢那个……"

就这样说着说着，"不知为什么"消失了，因为其实这都是有根源的。听到别人的故事，我的回忆也一点一点开始浮现。我开始委屈、难过。通过这个过程，我意识到："啊，我一直以来又是怎样压抑我的孩子的呢？从现在开始，我真的要做出一些改变了。"这个课程让我学到，如果几十年后不想让孩子在回忆起某件事时感到愤怒与委屈，那真的不能过度地压抑孩子了。

如果经常对一个非常愿意说话的孩子说："闭嘴！你怎么这么烦人啊。"那这个孩子会怎样呢？这个孩子会经常不知不觉地忍住想要说的话。压抑的个性就是通过这些话语和教育的方式形成的。如果总对一个正在成长的孩子说这些话，那么长大之后，他必定会经常选择沉默和隐忍。如果你的孩子只会一味让步和忍耐，那么作为父母，请思考一下，这是否就是习惯性的压抑带来的结果呢？

沉默与认同

我的孩子不会轻易说自己想要什么，平时他也总是让着四岁的弟弟，所以我经常表扬他。我也经常在别人面前夸我家孩子很懂得照顾弟弟，很懂得谦让。在外面，别人对他的评价也很好。但是有一天，幼儿园老师对我说，我家孩子只是习惯了周围对他的称赞，所以才那样行动，并不是发自内心的意愿。我认为这不可能，所以我问孩子是不是真的喜欢让着弟弟。他却不说话，一直站在那里。我重新问了一遍，对孩子说："可以说实话，妈妈会理解你。"这时，儿子哭着摇了摇头。那一瞬间，我觉得自己太对不起孩子了。我紧紧地抱了抱他，跟他说对不起。

有时，孩子们做出的一些举动是为了得到别人的爱与认同。为了得到父母一次温暖的眼神，为了多听一句温暖的话，孩子有时会刻意讨父母的喜欢。但孩子需要学习比这件事更重要的东西，那便是自由。在父母的怀抱中，孩子们应该感到自由自在。当孩子感觉"我的爸爸妈妈无条件地爱我"时，就会自由自在地行动。如果没有这种信赖做基础，孩子会一直看眼色行事，为了得到更多的爱与更多的认可而去做一些不愿做的事，他们以为只有这样，爸爸妈妈才会更加爱自己。

就算没有对孩子说过"你这样做妈妈就会爱你"这类的话，我们也会经常对孩子表达带有条件的爱。上一个事例中的妈妈泪如雨下地说道："说实话，我其实很喜欢看到我的孩子对弟弟谦让的样子，所以从心底里是希望他那么做的。我能想起来，每当孩子谦让弟弟时，我都会向孩子表达爱与认同。我觉得我在他心里种下了只有这样做才能被爱的种子，所以感觉真的很对不起他。"

我也经常反思我对孩子表达了多少带有条件的爱，很多父母其实都没有把内心里的爱完整地表达给孩子。我们需要思考一下，是否就是因着我们的这些行为，孩子更想要获得认同，所以故意让自己看起来很乖，进而导致了孩子们现在这种沉默、隐忍的举动。

沉默与性格

就算是生长在同样的环境下，每个孩子也会有不同的性格特点。有的孩子会追在你的后面一直问问题，直到疑惑解除；有的孩子会乖乖地等着父母来教他；有的孩子会安静地自己在书里找答案。每个孩子都是带着与众不同的性格特点来到这个世界上的，所以我们要像对待礼物一样小心地打开它，仔细观察。谦让、帮助他人、提供与分享自己的劳动成果与资源，这是与生俱来的贡献者（Giver）感知幸福的源泉。有时，当见到做义工的志愿者们时，我会问："你从小就喜欢帮助别人吗？说实话。"这时，他们都会回答说："是的，每当这时我都会感到非常幸福。"

因此，谦让并不单单是渴望获得认同与爱的表现或压抑的结果，也有可能是发自心底的喜悦感促成的举动。大多数孩子都会说，给其他小朋友一些礼物或谦让会使他们感觉到幸福。如果你的孩子单单是因为感觉到幸福而谦让的话，作为家长的你应该感到欣慰，因为这样的孩子说不准就会成为照亮这个世界的光与宝石。

我们思考了孩子们保持沉默的三种原因：也许是因为父母长时间的压抑；又或是为了得到认可；又或是天生的性格特点。如果孩子在亲子餐厅被别的小朋友推倒了哭着来找你，那么这肯定不是孩子天生的性格特点。在这种情况下，我们应该怎样帮助孩子呢？这时如果对孩子说："为什么哭？你去跟那个小朋友说说，妈妈在这里看着你，快去。"孩子肯定会不知所措。在家里都不一定能做到这一点，更何况在陌生的环境里呢？我们在共鸣角里练习一下吧。

共鸣角

如果孩子哭着来找你，那么请先认同孩子。

"很难过吧？如果别的小朋友也能像你这样守秩序就好了，是吧？"

如果孩子想要自己再去试一下，那么对孩子说："去试试怎么样？"

如果按照大人们的预想或教科书里面的内容，
那个小朋友也许会说："对不起。"
但是在现实世界中，
那个小朋友可能会再一次推开你的孩子。

必要的时候可以去帮助他。
"你好呀！你是不是也想开开心心地玩呢？这个小朋友也是同样的想法。排一下队怎么样呢？要不要试一下？"

请向对你的建议作出响应的对方表示感谢。
"谢谢你能遵守秩序。"

也许，推开我孩子的那个小朋友也能从中学到一点东西。所以不要以为排队是理所应当的就马上回来，如果对方肯排队的话，要对他表示感谢。接下来，请在原地观察孩子们是怎么行动的，然后对他们说："对，就是这样。"再回到自己原来的位置上。

09 承认孩子的不同之处

替代〝别的小朋友都不像你这样！〞

尊重孩子的个性与多样性，

才是为他们点亮生活和唤醒幸福的灵药。

事情发生在我去孤儿院做志愿者的时候。有一位同事在跟小学一年级的两个孩子玩耍的过程中，问了其中一个孩子一个问题。

"你最擅长的是什么？"

"唱歌。"

老师让这个孩子给我们唱了一首歌，孩子的歌声真的很动听，我们大家都热情地为他鼓掌。之后，刚才那位老师问另一个孩子："他很擅长唱歌，那你呢？"

看到被提问的孩子犹豫不决、不敢说话，刚才唱歌的孩子突然说道："他很擅长掰手腕儿。"

原以为会是一场轻松的对话，但没想到是以这样的方式结束的，我感到有些遗憾。虽然在场的时候我没有说话，但全程我都感觉非常尴尬，回来的路上心里也一直不太舒服。

当那位老师问"他很擅长唱歌，那你呢"的时候，是否带有一种比较的意味呢？作为大人，我们都有强烈的想要得到认可的需求，更何况是一些没有父母的孩子，他们想要得到爱与认同的心该有多强烈呢？一想到这里，我的心就沉重起来。

我们所渴望的爱往往与种种想要得到认同的需求有着很强的关系。"如果我完成得好应该就会更爱我吧？"这种想法在现代人的关系中很普遍。如果用"你喜欢什么"去代替"你擅长什么"的话，孩子们会怎样呢？也就是说："他喜欢唱歌，你喜欢什么呢？"如果将比较的观点转换为喜欢的观点，那么孩子的回答里一定会充满欢乐与笑容。

能够从喜欢的事物里发现欢乐

有一次我去听了柴可夫斯基的音乐会。50名演奏家在台上，指挥家引领大提琴演奏者、小提琴演奏者和钢琴演奏者进行协奏。长达两小时的公演没有一丝丝无聊，特别精彩。在50名演奏家之中，有一位特别显眼的人，那就是前排右数第二位演奏家。这位年轻的男士集中精力盯着指挥家，等待自己的演奏部分，而且他会根据不同的音乐情景做出非常丰富的表情。在等待自己部分到来的时间里，他沉浸在各个演奏家不同的乐曲声中，时而欢乐，时而悲伤，时而看着台下的观众。当一首完整的乐曲结束后，台下响起了掌声，他会看着台上的演奏家和台下的观众，就像父母用欣慰的眼光看着自己的孩子一样，露出充满成就感的微笑。

我一直目不转睛地看着他。我想让坐在我旁边与我一同欣赏音乐会的朋友也关注一下他，就在他耳边轻轻地说："你能看见他吗？你看看前排右数第二位演奏家的表情。"

这时，朋友开心地回答说："我也一直在观察那个人。原来您也一直在看他呀。"

我笑着回答："是的。那个人好像真的在充分享受着这场演出。"

朋友认同地点了点头。直到公演结束的那一刻为止，那个人都好似自己是这场音乐会的主人公一样，令我目不转睛。

我们能够预测孩子长大后在这个社会上担任的角色吗？也许我们并不能。所以现在很多妈妈都非常焦虑，我也因无法预测儿子今后能够从事的工作而时常感到不安，我会经常担心作为妈妈的我，是否应该提前为孩子准备好更多的东西。每次以这种心态看待儿子时，我都会觉得他真的太不像话了。所以每当这时我都会非常不耐烦，经常看着儿子忍不住长叹一口气，还会责备他、挖苦他。

但如果仔细想一想，真正重要的东西是什么，有可能我们会一瞬间清醒。

"我希望孩子以后过上怎样的生活呢？"

当然是希望他幸福。

在这个社会上，比一个人所做的工作更重要的就是对待那件事的态度和真心。作为父母，最感到欣慰的瞬间不就是看着孩子在认认真真地做一件事的时候吗？

从事这份工作期间，我见过很多在这个社会上被称为成功人士的人。他们看起来并不是很幸福，他们经常感到后悔，也对生活抱有很多遗憾。也有很多人为了追逐地位与金钱，只顾着向前跑，根本顾不及所谓的幸福，我不希望儿子今后的生活是这样。我真心希望儿子能够像上面提到的那位演奏家一样，充满生活热情与活力。我相信其他妈妈们也是这样想的。

求同存异，孩子才会成长

不知从什么时候起，我们开始认为幸福是有秘诀的，所以觉得只有像某人一样生活，才能够获得幸福。因此，为了能够像某人一样生活，我们不断地去比较、去模仿。但有时，那个"某人"摇身一变，成为"正当性"的代名词。当一个人没有按照世俗的想法去生活，没有去做大家都认为理所当然的事情时，周围的人会用怎样的眼光去看待他呢？

"大学当然要去啦，因为别人都去啊。"

"别人都开始工作了，你怎么能待在家呢？"

"你的朋友们都结婚了，你怎么还是单身？"

刚开始我们还会反驳回去，但不知不觉间，我们开始对自己说："我是不是做错了什么？我是不是应该去做些什么？"然后我们开始变得抑郁。

我们又是怎样对待孩子的呢？就算没有比较对象，我们也会把孩子拿来比较。我们根据年龄、年级、角色、性别去对孩子说："当怎样怎样时，当然就应该这样了啊。"

我有一个朋友，因小时候话太多经常被老师骂，但那位朋友的爸爸却全力支持他。

"能说是一种才能。当你能够在一个人面前滔滔不绝地说下去时，就说明你身上有无穷无尽的能量。当你不断地对别人说话时，你的逻辑会越来越清晰。也正因你也在不断地听自己说出的话，所以你也越来越能对自己说的话负责任。"

从小就被爸爸灌输这种思想的他，如今已经成为一名律师。正因为当周围的人把他拿来与谁比较、贬低他的价值或指责他时，他的父亲一直在身后支持他，所以他能够发扬自己的优点，而不是将之视为短板，感到自卑。希望所有的妈妈都不要变成在孩子长大之前就抹杀他们一切可能性的人。

如果我们在各种比较之下长大，那么当我们成为父母之后，是很难突然去尊重孩子的个性与各个成长阶段的。但一定要记住，每个孩子成长的速度是不一样的。因为每个孩子都是带着与众不同的特质来到这个世界的，他们所面临的社会条件、家庭环境与性格都不同。个人的喜好也有差别。但是，我们从小就被教育只有按照大多数人的想法去生活，才能在人群中获得归属感，变得更有价值。这是一个很悲伤的事实。

关注自己孩子的成长
而不是别人家的孩子

如果自己的孩子比别人家的孩子优秀，妈妈们当然会开心。但如果把关注点放在自己孩子的成长过程上面，而不是与其他孩子做比较，那么你会发现过程当中体验到的快乐远远大于结果带给你的快乐。希望你可以记住，自己孩子的成长基准并不是别人家的孩子，而是他自己的昨天。

回想起我们长大的过程中经常听大人们说的话，我们应该能够反省："啊，原来我没有按照自己的节奏去生活，而是一直在与别人比较，从而一直在不断地催促自己啊。"我认为，当回想起被世俗的眼光束缚而经历过的许许多多的挫折时，凭借我们曾感受过的无力感与不想让这种挫折再次上演的决心，我们就能够尊重每个孩子不同的成长速度并帮助他们。

我们的孩子就是那许许多多颗星星当中的主人公。
孩子们的存在本身就是美妙的，
而不是与其他星星比较起来才算美丽。
星星就只是星星而已，
只要我们同在一起，那便是美丽的星空。

我们自然是不该再让孩子重蹈覆辙的，我希望妈妈们能够担负起这个责任。夜空上的星星是多么的异彩多姿，但如果只有一颗星星的话，那它会有多孤单呢？我们的孩子就是那许许多多颗星星当中属于他自己的主人公。孩子们的存在本身就是美妙的，而不是与其他星星比较起来才美丽。星星只是星星，只要我们同在一起，那便是美丽的星空。

共鸣角

如果想要比较的话，就只应该把孩子的前（before）与后（after）进行比较，进而帮助孩子做得更好。如果想要教导孩子什么是正确的，什么是重要的，那么首先请尊重孩子最原本的样子。接下来，如果孩子的哪一点让你感到不满意，请按照下面的内容思考一下。

◎尊重孩子最原本的样子，而不是进行比较。
"都上小学高年级了，刷牙还得妈妈让你刷才刷吗？"
➡ "守护健康是很重要的。"

◎暂时从社会性标准中摆脱出来。
"都上小学高年级了，还不能一个人睡可怎么办啊？"
➡ "谁都会害怕，因为这是每个人都会有的感情。你想让妈妈怎么帮你呢？"

◎认同孩子的潜力及目前所在的阶段与实际能力。对孩子现在所做的努力进行认同，并承认这就是孩子能够达到的最好状态。请你这样想，目前孩子做的所有事都在尽他最大的努力。

"作为一个中学生，连 30 分钟都无法集中吗？"

➡ "原来集中精力对你来说有点难呀，但妈妈还是谢谢你现在所做的努力。"

"不能做得再好一点吗？"

➡ "谢谢你能努力。"

◎如果遇到了什么问题，请与孩子共同思考如何才能做得更好。

"这也叫分数吗？"

➡ "我们一起想想别的办法吧。"

◎请思考我的孩子如何才能比以前做得更好，而不是如何才能比别人做得更好。

"下次一定给我打 90 分！"

➡ "我们每天都多学 10 分钟，坚持一个星期怎么样？"

10 把孩子的失误当作成长的机会

替代 "妈妈不是告诉过你要小心吗！"

如果能够看到作为妈妈的自己失误的样子，

那么我们或许能够更宽容地对待孩子的失误。

事情发生在不久前我在济州岛的那段时间。当时我刚到金浦机场，准备去卫生间。看见我前面的一对母女进去的那间旁边是空的，我就去了那间。正当我要出来的时候，听见旁边那一间里的妈妈突然对女儿大声喊叫。伴随着"啊"的一声，我以为妈妈受伤了，可能伤得很重，但是接下来整个卫生间都传来了那位妈妈震耳欲聋的喊声。"妈妈疼死了！"过了一会儿，女儿小心翼翼地问："妈妈很疼吗？"但是妈妈却用尖锐的嗓音大声回答说："当然疼啊！妈妈不是告诉过你要小心吗！这孩子怎么这样啊！"我从卫生间出来一看，好多人都在议论："哎哟，行了。""孩子肯定也吓了一跳啊。"

虽然我没有直接目睹事情发生的过程，但如果因一点失误就这样对孩子大喊大叫，孩子肯定也会受到很大的惊吓。

为什么孩子们会反反复复地失误？每当他们失误时，我们为什么又会那么生气呢？

我们的大脑明白怎样对孩子说话，怎样教育孩子才是正确的，而且我们对于别人家孩子的失误通常很宽容。但如果自己的孩子做了一些令妈妈不满意的事，或不断地失误，我们就会用非常暴力与不成熟的方式对待自己最爱的孩子。我没有想要指责这些行为，但我希望父母们都能知道，作为父母，我们处理和对待孩子失误的方式会对孩子的成长产生非常大的影响。

指责孩子的失误并对其发火时

如果用非常强硬的态度去对待别人，我想不论是谁，心里都会感到非常抗拒。如果我们所有事只在对方的注视下严格按照他的意愿去做，那么将导致在所有的事情上，我们的热情和效率都会下降。

1. 抵触情绪

小时候，你肯定有过这样的经历，在刚想要学习的时候，妈妈对你说："去学习吧！明天就考试了，你到底在想些什么啊？现在就进去！"因为妈妈的话，突然就不想学下去了。

因为这时产生了抵触情绪，即使你坐在书桌前，也完全无法集中精力。不论是小孩还是大人，越是以强硬的态度去对待他，他就越会产生抵触情绪，导致就算表面上服从了对方，喜悦与热情也会全部消失。

2. 回避挑战

当孩子不小心失误的时候，如果父母对其生气，大喊大叫，孩子不只会产生抵触情绪，还会感到害怕和恐惧。孩子感到害怕与恐惧，说话声音就会变小，动作也会变得畏畏缩缩，还会不断地看对方的眼色，所以自然而然地就不敢面对挑战了。就像在一个组织中，一位态度非常强硬的领导会导致沉默的局面一样，如果父母的态度非常强硬，孩子们也只会不断地看父母眼色，而不敢去接受新的挑战。孩子会把有创意的想法全部隐藏在心底，久而久之，创造力就会退化。因此，对于一个负责带领团队的人或父母来说，待人处事的态度是非常重要的。

在孩子还比较小的时候，有一次，他不小心把牛奶杯碰倒了，导致地板缝里全都是牛奶。那一瞬间，我没有控制好自己的情绪，对他大声喊道："干嘛呀！妈妈都告诉你几遍要小心了？以后能不能不这样了！"现在回想起那件事，我就会觉得其实不至于对孩子发那么大的火。当时，孩子为了把牛奶擦掉，把餐巾纸拿来了。但我又对他喊道："放着！去那边自己待着吧！妈妈自己擦！"

从那之后，孩子就再也不愿意喝牛奶了。当时我竟然还不知道，孩子是因为害怕再一次不小心把牛奶杯碰倒，才不愿意喝牛奶的。每次想到这件事，我就感到非常心痛。

通过失误获得的力量

我们需要站在不同的角度来看待孩子的失误。事实上，孩子是通过失误而不断学习的。孩子是以一个不断学习的存在来到我们身边的，但他的操作能力却比不上大人。因为有些事情对于妈妈来说非常简单，而孩子做起来却很费劲，这时妈妈就会指责孩子说："你怎么这么不小心呢！"请先接受孩子们会经常失误这一事实，因为就算是大人也难免会失误。

我常常对儿子说："保管好你的东西。"但其实我也经常不记得要找的东西放在哪里了，甚至还在一边拿着手机打电话，一边找手机在哪里。但只要孩子一丢东西，我就会忍不住发火。人人都会失误，正因为会失误，所以我们才是人类。请先想清楚这一道理，也许你就能更好地理解孩子了。

很多人对待自己很宽容，对别人却异常严格。如果能够像对待自己的失误一样看待孩子的失误，理解孩子是因为比较生涩所以才会犯错的话，面对孩子的失误时就应该能心平气和地说："不小心失误了呀。"对话反映了一个人的意识活动，如果平时一直认为"谁都会失误"，那么在实际对话当中也会自然而然地说出"谁都会失误"这句话。因着处理方式的不同，也许你的孩子会成为富有创造力的孩子，也许会成为因恐惧而迟迟不敢挑战的孩子。

阻止孩子成长的问题解决方法

有一次，我们家的小狗把孩子最喜欢的娃娃给咬坏了，看见这一场面的孩子哇哇大哭起来。但我最开始的想法其实是"你不应该把娃娃放在狗狗够得到的地方啊"，但看见孩子哭得太伤心了，所以我说："别哭了，妈妈重新给你买一个。"当时我只想着怎么才能让他不哭。但之后又觉得我是不是阻断了孩子在失去最珍贵东西时的那种丧失感，是不是剥夺了孩子能够学习到要为自己的行为负责的机会。

在孩子失误的时候，胁迫、指责孩子，对孩子发火等都是非常危险的举动。但是，对他说"没关系，妈妈来帮你做"，也是一种阻断孩子挑战机会的行为。如果一直以这样的方式对待孩子的失误，那么久而久之，孩子就将认为妈妈会永远为自己的失误负责，从而变得懒惰散漫。当妈妈有时无法快速有效地解决问题时，还会被孩子责怪。

那么，当孩子失误时，我们应该怎样处理呢？

相信孩子也许是更好的方法

我们常因无法忍住一时的愤怒而大声呵斥孩子，而过不了一会儿又会后悔。在这样反反复复的过程中，我们一直在思考最好的教育方式并不断地去练习，从而成长，由此可见我们也是在失误过程中不断学习的。

谁都知道对待自己的失误，重要的是反省与领悟，并能将之付诸实践。孩子们也有这种自主反省并能够将之转换为行动的力量。在孩子失误的时候，如果多给一些时间，或许他会仔细考虑该如何去处理。我们要做的不是教他们一些所谓的方法，而是要向孩子提问并给予他们充分思考的时间。

但也有一些情况紧急的时候。比如妈妈正在用炸锅炸一些东西，已经对孩子说了很多遍"这里危险，你去那里待着"，但孩子还是一直在炸锅周围，结果不小心被油烫伤了。此时我们不能慢悠悠地对孩子说："你不小心失误了，该怎么办呢？"而是要快速用冰水冲洗孩子的烫伤部位，涂抹烫伤膏并带孩子去医院。但如果是孩子不小心把牛奶杯碰倒了，由于这不是危险或紧急的情况，我们可以给孩子处理失误的时间和机会。

"你不小心把杯子碰倒了，该怎么办呢？"

"要擦掉，妈妈。"

"那里有抹布，要不要自己去拿然后把牛奶擦掉呢？"

可以以这样的形式给孩子提供建议。

给孩子一些可以自己处理失误的机会是非常重要的。其实，有些时候，孩子们解决问题方法是非常棒的，棒到足以让父母们感到惊讶。

如果想减少孩子的失误
请反复询问所说过的话

当孩子总是重复同样的失误时，对孩子说"说几遍才能懂啊"这种话是起不到任何作用的。每当这时，请认真看着孩子的眼睛，对他说："这是一件特别特别重要的事。"

但是，这种方法要在失误过后，情绪稍微平复一点时再去试，而不是在孩子失误的那一瞬间，就马上以这种方式解决。因为在孩子失误的那一瞬间，我们往往会习惯性地说出"妈妈都说了几遍了"这样的话。比如，如果是在乘扶梯上楼的时候，刚要对孩子说"当心"的那一瞬间，孩子一下就跳了上去，该怎么办呢？担忧肯定在那一瞬间变成了一团怒火，致使我们大声呵斥孩子。

"过来。刚才你是不是在扶梯上一下就跳了上去？乘扶梯的时候一定要一直看着阶梯，快要到了的时候才能迈上去，因为只有这样才安全。在妈妈眼里，你的安全是最重要的。来跟妈妈练习一下怎么上扶梯吧。"

首先要向孩子说明为什么，这是非常重要的。这时，为了能更好地传达自己的意图，必须看着孩子的眼睛说话。不要一边干着别的事情一边对孩子说，而是要与孩子进行对视，并对他讲："这是一件非常重要的事。"

但也许并不是每一次都能这样处理，也许妈妈那一天正好特别疲惫。这样的时候，就算孩子犯了一个小小的错误，妈妈也会感到烦躁、愤怒。但是，作为一个成年人，妈妈是有能力进行自我审视的。妈妈们需要好好地进行自我审视，并摆正作为孩子还无法很好地理解妈妈心情的立场。

共鸣角

如果孩子不小心失误了，请按以下顺序与孩子进行对话。假设孩子不小心把水杯打翻了，怎么办？

1.承认每个人都会失误。
"妈妈不是让你小心了吗！"
➡ "谁都会失误。"
2.与孩子讨论解决问题的方法。
"去拿抹布来！"
➡ "该怎么办呢？"
3.提出你的意见或支持孩子的解决方法。
"去那边待着吧！"
➡ "你把卫生纸拿来了啊。做得很好。你准备怎么做？"
"洒出来的水太多了，我们用抹布擦吧。帮忙把那边的抹布拿过来。"

　　要教给孩子一件特别重要的事情时，请按照以下顺序与孩子进行对话。

　　1.告诉他事情的重要性。
　　"这是非常重要的。"
　　2.停下手里的事，看着孩子的眼睛对他说。
　　"看着妈妈的眼睛。在公共场所要小声说话，不能乱跑，要好好走路。"
　　3.为了让孩子能复述妈妈刚才说过的话，请多问几遍。
　　"把妈妈刚才说过的话重新讲一遍。记得妈妈刚才说了什么吗？"

11 教会他正确的表达方式

替代"不许骂人"

如果不断帮助孩子寻找他真正渴望的东西，

那么孩子就自然而然不会再说脏话了。

　　我从小就对脏话很抗拒。我小的时候被父亲骂了太多太多次，那段记忆实在太糟糕了，导致我从那时起就下定决心以后绝不骂脏话。可能是出于这个原因，我一直就很讨厌那些说脏话的人。我记得如果身边有人在嬉笑着说脏话，我就会选择离他们远远的，自己也从来不会边开玩笑边说脏话。我一直以来就坚信，不说脏话或不说可能会让对方感到不愉快的话是正确的，就这样形成了我多少有些固执的性格。

　　一个人的性格是由多方面因素决定的。

　　第一，正如在阿尔伯特·班杜拉的认知社会学习理论中提到的一样，孩子们的性格是通过在生活中的所见所闻形成的。

第二，在听和看的过程中，孩子们会形成一种"我以后绝对不会这样做"的抗拒想法，从而形成自己的性格。

第三，最成熟的方式就是进行升华。如果说，我是在有意识的情况下本能地对暴力与辱骂进行抗拒，从而形成的自我性格，那么升华与这一过程稍微有些不同。升华与超越是指在反省"啊，原来我的这些习惯是从父亲那里学到的，我以后不能再这样了"的同时，又在思考"怎么做才是正确的呢"，即在自我选择的过程中形成自己的性格。升华才是既健康又智慧的方式。

说脏话的原因

孩子们为什么会说脏话呢？

——有时，说脏话是一种亲密感的体现。

——有时，因为对流行语的敏感，所以会说脏话。如果身边的小朋友都说脏话，孩子可能会觉得只有加入他们，一起说脏话才能有共同语言。

——伤心的时候会说脏话。有时为了让对方能够理解自己痛苦的内心而说脏话。

——有时为了满足自我表现欲而说脏话。

——有时为了吸引对方的关注或认为自己受到了不公的待

遇而说脏话。

— 有时孩子们会模仿大人或媒体，通过耳濡目染的方式学说脏话。也不一定是从父母那里学到的，孩子也会通过其他的渠道去学。

从小学高年级开始，大部分孩子都认为好朋友之间要以说脏话的方式去表达亲密的关系。他们并不会对所有人都说脏话，而是只对认为与自己关系比较好的朋友说脏话。我的儿子也希望自己的妈妈不要对此表现得太敏感。尤其是对于男孩来说，说脏话被认为是一种表现阳刚之气的方式。

我希望父母们都可以思考一下，这种结果会不会是因为在教育过程中父母对男孩和女孩过于区别对待导致的。养育儿子的父母会逐渐习惯儿子小时候对父母说"妈妈，你是不是伤心了呀""妈妈我爱你"，而在长大之后说一些比较粗鲁的话。父母会下意识地对男孩灌输"能不能像个男孩一样""哥哥就是要保护妹妹的"诸如此类的想法。久而久之，这种教育方式让男孩们失去了对情感的敏感性与共情的能力。因此，比较温柔的男孩会在学校被朋友们说："你一个男生怎么这样啊？""你去跟女生玩儿吧。"等等。对于骂脏话被视为一种表达阳刚之气的方式这一现象，我感到非常遗憾。

想骂脏话的心情
不想听见脏话的心情

　　现在的孩子越来越早地接触到社交媒体与手机上的一些视频和语言，很快就能习得一些非标准的流行语。然而孩子们正处于爆发式学习语言的阶段，因此越不让他们接触，他们便越好奇，越是想看。但是，我们要把因好奇或趣味说一两次脏话的行为，和每次生气或伤心时就摔东西、骂脏话的行为区别开来。

　　我儿子上小学时，有一天跟朋友在外面吵了一架，因为被朋友骂了，回来后他特别生气。我对儿子说："就算他骂了你，你也没必要一定还嘴。"跟我预想的一样，儿子抗拒地说："妈妈是女的，所以您不懂男生的世界。如果被同学骂了还不还嘴的话，会被人当成傻瓜。"

　　于是我问儿子："你所有的朋友都会骂脏话吗？我相信有些人，就算对方说了脏话也会充耳不闻。难道这是因为他们傻吗？如果有人对妈妈说脏话，那妈妈也不会像他一样说脏话，那他想继续说脏话的欲望就消失了。妈妈认为不说脏话的人，被人骂的概率也会降低很多。你觉得呢？"

　　儿子对我说的话表示同意，但后来好像没有将此付诸行动。

　　没有人喜欢听脏话。但在生气或伤心，又或想要侮辱对方时，我们就会以各种各样的理由去骂脏话。那么，孩子们有必要去了解那些不经常被骂脏话的人具有什么样的特征，不说脏话的人被别人骂的概率也会降低。可能一次两次是为了气对方，但如果不对对方的脏话做出反应的话，对方也会因感觉不到有趣或解气而不再继续说脏话。

健康的自我表现

说脏话是一种什么样的行为呢？说脏话表明一个人在挑对方的毛病，在诋毁对方；也是一种嘲笑、羞辱，让对方感到沮丧的行为。

那么"傻瓜"是脏话吗？对有些人来说，"傻瓜"这个词里饱含了满满的爱；对有些人来说，"傻瓜"象征着单纯与纯真；但对有些人来说，"傻瓜"也可能具有非常致命的攻击性。那么"兔崽子"呢？如果问小学高年级的男孩们，他们会说"兔崽子"是朋友之间表达亲密感的词语。

虽然对脏话可以进行解释，但断定哪些词语是脏话却是非常困难的。因为根据不同的环境，不同人所表达的意思是不一样的。当我的儿子对我说"妈妈是傻瓜"时，我不会感到生气，反倒会觉得有些可爱。也就是说，根据不同的场景，"脏话"可以是一种非常具有主观性的表现。

重要的标准不在于说脏话的那个人，而在于听的那个人的内心判断。如果听的人不想听到那句话，就意味着那句话就是脏话。如果你说出的话让对方感到不适、感觉受到了侮辱，那么就应该对自己的言行进行改正。不要对对方说："我没有那种意思，你为什么要往坏处想呢？"而是要说："如果你感觉不高兴的话，我以后会注意的。"这才是重要的。

对孩子也是一样。如果孩子们说"我不喜欢妈妈叫我傻瓜"，那么就不要对孩子说"有什么不喜欢的？是因为可爱才这么说啊"，而是要说"原来你不喜欢啊。能说说为什么不喜欢吗？你希望妈妈下次怎么叫你呢？"这才是健康的对话方式。

同理，如果孩子不是单单因为好奇或是趣味而说一两次脏话，而是每次在生气、跟朋友吵架，或是在公共场所骂脏话，那就有必要与孩子进行沟通。

"如果你说脏话，对方也会感觉到受伤、不舒服。这样的话，他也会向你发火，所以解决不了任何问题。我们来想一想生气的时候应该怎么做才好吧。"

生气的时候，大声喊"我现在非常生气"，也比说脏话好很多，大声喊叫也是一种呼吁别人理解自己的方法。

在以信任为基础的关系中，稍显粗鲁的言语不会太让人感觉到不适。重要的不是说哪些话，而是在什么样的情况下去说那些话。但孩子们还无法将此分辨得非常清楚，所以如果妈妈认为只是因为趣味或好奇，才跟朋友说了一两次，那么倒无所谓；但如果发现对方感到不适或情绪不对劲的话，就要教导孩子正确的表达方式。尤其是，如果孩子习惯性地骂人、摔东西，那么就要坐下来用严肃的表情与孩子进行沟通。但这时也不能说"这都是听谁说的，从哪学的，再说一句试试？是不是想挨打了？想让妈妈也说脏话吗？"之类的话，而是要耐心教导他正确的表达方式。

"如果你说脏话，那么对方不会了解你内心真正的想法，也不想去理解，所以你要换一种表达方式。只有这样，别人或者妈妈才能在你生气的时候理解你的心情。跟妈妈聊聊该怎么正确表达吧。"比如像这样："生气了吗？那你可以大声地喊你生气了。比起说脏话，大声地说出自己生气了更能让别人理解你此时此刻的心情。"

不论如何，我们需要记住的一点就是，随着年龄的增长，孩子们说脏话的行为也是一种自然现象。如果孩子开始习惯性地说脏话，那么这也是一种孩子需要父母帮助的信号。作为父母，作为妈妈，我们的职责之一就是帮助孩子用正确的方式表达自己的感情。

共鸣角

　　如果孩子开始出现说脏话的现象，请先以不让孩子太有负罪感的方式理解孩子的心。

　　"你怎么能这么说话呢？"

　　➡ "大人们也会说脏话，妈妈小的时候也说过脏话。"

　　请思考该怎样帮助孩子，说出他真正想要表达的东西。

　　"跟妈妈约定好以后再也不说'白痴'这种不好的话了！"

　　➡ "特别生气的时候，你可以大声喊出来，而不是说那种不好的话，或者你也可以先去另一个地方冷静冷静。"

　　帮助孩子说出愤怒的理由，向孩子说明说脏话之后会出现的不好结果。

　　"你再说一次脏话，妈妈饶不了你。"

　　➡ "如果你说清楚自己生气的理由，别人会理解你的。妈妈也可以帮助你。"

12 需要孩子配合时，正确的态度与表达方法

替代〝妈妈不是警告过你不要那样做？〞

在没有与对方沟通好的情况下，
就想让对方了解你的需求，
其实你正在行使一个叫作"强迫"的暴力特权。

　　在给学员们进行对话训练的过程中，我们有时会从谈论职场上的沟通问题转向家庭当中的沟通问题。家庭作为一个特殊的共同体，伴随着家人的爱与意志，也是一个包含着无穷无尽的责任与担当的空间。在解决家庭中沟通的问题时，存在最多的就是嘱托与强迫共存的问题。

　　回想一下孩子刚出生的时候。在婴儿时期，孩子会不断地重复睡、哭、吃这一过程。每当这时，妈妈们就会觉得如果孩子能说说话就好了。但很多人成年之后，也会像婴儿时

期一样无法准确表达自己的需求。感到伤心或自己的需求没有被满足时，人们常常只是自己哭丧着脸不说话。当对方问"怎么了"时，就只会回答"没事，就是有点生气"。

带有需求的嘱托，如果不直接用语言准确地表达出来，是很难被实现的。很多人一般只是在心里嘀咕几句，而没有真正把自己的需求表达出来，认为"这样他差不多就懂了吧"，然后错误地认为自己已经充分地把需求表达出来了。然后呢，如果对方没有按照自己的意愿去做，就会认为"看看，我说了也没用"，断定对方不接受自己的嘱托。其实，这时对方没有按你的需求去做是无可厚非的，如果这时你的需求被满足了，那简直就是奇迹。

不知从何时起，我们开始认为向伴侣、父母还有孩子诉说自己的需求是一件伤自尊的事情，于是常常憋到难受就开始哭，而把心事吐露出来之后又开始后悔。如果你希望孩子生长在一个即使不说出来对方也能了解自己的家庭氛围里，那么让我们从现在开始学习如何准确表达自己的需求吧！如果我们作为妈妈能够很好地表达自己的需求，那么孩子也会自然而然地从这些经验里面形成健康的对话习惯。

怎样获得自己想要的
——强迫与嘱托的差异

如果妈妈对孩子说："这周末去奶奶家吃点好吃的，再玩会儿回来吧。"那么这是嘱托还是强迫呢？

大部分人可能会认为这是嘱托，但我们现在还无法知道这是嘱托还是强迫。如果孩子回复说："奶奶家太远了，我不想去。我想在家里跟别人玩。"那么就要看妈妈接下来是什么样的态度，如此才能知道刚才妈妈所说的话是嘱托还是强迫。

如果妈妈回答："这样啊。那星期六白天你跟小朋友玩，晚上我们去奶奶家怎么样？我们坐你喜欢的地铁去，这样就应该不会感觉那么远了，可以吗？"那么这一定是嘱托。但如果妈妈出现以下反应，就要另当别论了。

1."好吧。那你自己在家吧。家里没有人，妈妈可不管你害不害怕啊。"如果这样回复，就是在对孩子进行安放恐惧与不安的强迫行为。

2."你要是不去，奶奶该多伤心呀。这样你还是要在家吗？"如果以这样的方式回复，便是在孩子心里种下负罪感与愧疚，那么这也是强迫。

3."你怎么能这么自私呢？怎么每次你都只挑自己想做的事情做呢？你这样谁会喜欢你啊！"如果以这种方式让孩子种下羞耻心，这也是强迫行为。

大部分父母都不会认真地去听孩子们认为重要的一些事情，认为孩子们的需求不像自己的需求那样重要。父母也经常认为孩子总按照自己的意愿去做事就是因为不懂事。但是，虽说孩子们还比较软弱，但他们却是一个完整、独立的存在。我们一定要记住，只有当我们认真对待孩子们的需求时，我们的需求才能更好地被实现。作为父母，我们要学习如何能够更好地调节自己的需求与孩子的需求之间的关系，而不是无论如何都执着于实现自己的需求。我们也需要学习能够更好表达需求的语言技巧。

需要孩子配合时 1：积极表现的力量

我有两个儿子，老大八岁，老二六岁，他们俩平时关系非常好。有一天，我让他们俩一起洗澡，然后我就去做饭了。后来老大抢了老二的玩具鸭子。老二让老大还给他，老大不还，老二找我告状。我过去对老大说："别抢弟弟的玩具。"过了一会儿，老二又哭着找我，我有点不耐烦地走到浴室。老二说老大总是把水溅到他身上。我向老大警告说："你要是再敢欺负弟弟，以后就不让你们一起洗澡了。"

过了一会儿，老二光着身子哇哇大哭地来厨房找我。因为他被哥哥打了。我当时很生气，就对老大大声喊道："我是不是警告过你不许再欺负弟弟了！"

这种时候应该怎么处理呢？

听完这个故事，我觉得这位妈妈真的很辛苦。因为养育这个年龄段的男孩子需要消耗非常多的体力。需要记住的是，家人之间的嘱托，任何时候对方都可能会拒绝。很多妈妈一天之内仅是听到多次"不要，我不想做"的回答时，就已经快要疯掉了。但即使是这样，我认为只要妈妈们能够学习更好地表达嘱托的方法并对此多加练习，生活一定会比现在更幸福、更和谐。

这位妈妈已经尽力了。她一边在厨房准备饭，还要为了不让兄弟俩打架来回折腾许多次，但结果却不尽如人意。嘱托他人时，我们需要的第一项技能就是使用正面、积极的词语。

"不许抢弟弟的玩具"含有负面的意义。我们用"……就好了"代替"别……"如何？比如对老大说"把弟弟的玩具还给他，去房间里把自己想玩的玩具拿来就好了。要不要妈妈去帮你拿呢？"另外，"你要是再敢欺负弟弟，以后就再也不让你们一起洗澡了"，这样的话语带有威胁的意味，是一种带有负面情绪的表达。这句话可以换成："跟弟弟一起洗澡的时候要找一个可以开开心心一起玩的方法。有哪些方法呢？"

这些话不一定就是正确答案，但我们的大脑会联想到一些画面，最终身体也会跟随大脑中的画面行动。大脑中的那些画面会在脑子里逗留很久，让你一直想到那幅景象。所以，当向孩子嘱托一些事情时，为了能够让孩子联想到一些画面，我们需要用一些积极的表达方法。"不能那样乱打！"这句话会让孩子联想到打的场面；但如果妈妈说"跑到妈妈这里来，让我帮你"，就能让孩子联想到跑到妈妈身边的画面。嘱托孩子事情之前，先思考准备让孩子联想起什么样的画面是一项非常重要的技术。记住，要说一些与孩子意愿相关的话，而不是说一些孩子不愿去做的负面的话语。

需要孩子配合时 2：具体表达的力量

我家孩子非常害羞，在学校也不太愿意说话，我平常很担心这一点。有一次，我参加了孩子班里的公开课，别的孩子都积极举手发言，只有我家孩子静静地坐在那里，看见这一幕，我真的很着急，也不知道以后该怎么办。所以我不经意间对孩子说："你怎么像个傻瓜一样坐在那里呢？"我知道这样只会让孩子越来越怯懦，但因为实在很心急，所以没控制住就说出来了。第二天，我对孩子说："要积极参与，懂了吗？"孩子只是无力地点了点头，就去上学了。

也不知道他到底听懂没有，真是又担心又不安啊。

我们经常对孩子说"要有信心""要有梦想""要勇敢""要坚强一点"这样的话，虽然孩子们都会说听明白了，但是越小的孩子，就越不懂这是什么意思，真正去实践的可能性也会很小。在表达嘱托时，第二项重要的技能是要具体地表达你的需求。

"要积极参与"这句话无法让孩子在脑海中联想出一些画面，因为这句话非常模糊。我们要对孩子说："妈妈希望就算老师提了一个你不太懂的问题，也要把手放在耳朵旁边，时刻做发言的准备。然后你知道多少就说多少。试一试好不好？"对即将出发去学校的孩子说："在学校要好好表现。"这也是一种很模糊的表达。比起这个，我们更应该说："如果在学校发现有身体不太舒服的小朋友或不太开心的小朋友，要积极去帮助他们哦。"这样孩子就会更容易去实践。

只有向孩子具体、仔细地说明，他们才能在自己的能力范围内尽力去挑战。重要的是，要多帮助孩子们积累这些小小的成功经验，这样才能提高孩子们的自信心。如果只笼统地对孩子说"积极点""要有自信"，那么孩子的自信反而会减少。在家里面可以立一些规矩，比如"有不同的意见就说出来"，如果孩子说话的声音太小，可以在家里练习与孩子大声对话等。

需要孩子配合时 3：可实现内容的力量

如果对七岁的孩子说："从现在开始，每周一你要用洗衣机把衣服洗干净，然后晾在阳台上。衣服干了之后要收起来把衣服熨好，明白了吗？"这适合吗？大部分人会觉得"七岁的小孩怎么可能会洗衣服、熨衣服"。诚然，这句话使用了积极与具体的表述，但没有实现的可能性，所以不能称之为嘱托。在表达嘱托时，第三项重要的技能就是包含可实现的内容。

如果对七岁的孩子说："妈妈把晾好的衣服收起来之后，你把你的内衣放到抽屉里好不好？"这件事是孩子能够做到的，实现的可能性很大。在对方能力范围内提出嘱托是一项非常重要的技术。因为只要是在自己能力范围内，每个人都有想帮助别人的欲望。每个人都是带着想要帮助别人的欲望而出生的。因此，根据父母不同的嘱托方式，孩子们也许能够快乐地做一些父母嘱托他们的事，但也会因重重的压力而无法做好那件事。既然如此，我们就需要做一些让孩子们愿意又能快乐地听取父母嘱托的练习。

当然，我们不可能每次都能做到这些。但如果我们时刻在脑子里思考该如何表达自己，这也不是一件不可办到的事情。请记住孩子的真心，孩子每时每刻都想要满足父母的需求，喜欢看到父母开心地笑，也喜欢被爸爸妈妈爱着的感觉。只是，现阶段的孩子一般都是将自己的需求放在第一位，其需求也比较强烈，因此有时可能无法乖乖听取妈妈的嘱托。另外，并不是只有当孩子百分百听取父母的所有嘱托时，亲子关系才是健康的，当然我们也不能保证所有对话都顺利进行。

需要孩子配合时 4：询问对方意见的力量

最后，在一个家庭里，有必要减少过多的指示与强迫，多提高嘱托的频率。因为在充满强迫与压抑的指示当中，势必有一方（主要是幼小的子女）要屈服或作出牺牲。孩子有权利参与到一系列的决策当中，也有权利表达自己的意见。作为父母，我们也有能力对此作出调节。

"今天家里没什么菜了，我们一起出去吃，你觉得怎么样啊？"

如果孩子回答说："我不想出去，我想在家里吃。"那么，妈妈是有必要认真听取孩子的建议的。孩子不是反对因家里没菜而出去吃饭的提议，可能只是单纯地想在家里舒舒服服吃饭而已。那么，这时也可以换一个提议。比如可以问孩子："那今天点外卖怎么样？你想吃什么呢？"如果在这种情况下，妈妈说："不行，现在就穿上衣服出去。就只是在家门口吃，有什么不愿意的。"那么孩子会跟着出去，但心里肯定会不满意。

虽然满足孩子所有的需求并不是什么好的教育方式，但全部按照大人们的意愿去做事也称不上是正确的教育方式。我们需要的是能够满足彼此需求的智慧与能力。所以，嘱托孩子做一件事情时，要问孩子是否同意。这就是寻求孩子协助的第四项技巧。如果孩子拒绝，也需要一个倾听理由的过程。我希望父母们一定要记住，当认真倾听孩子的需求，并为此努力寻找解决方法时，孩子也会学着父母的样子，倾听爸爸妈妈的需求。

没有一件事能够像育儿一样让人变得谦逊。因为我们要按照孩子缓慢的成长步伐去一步一步帮助他们。我们要降低自己的姿态，调整自己的眼光，这样才能更好地面对孩子。虽然每一次都做到有些困难，但我相信，只要每当想起来时就尝试使用这些办法，那么总会有一瞬间，你会不再感到嘱托孩子是一件困难的事了。即使没有太多的时间与精力，我还是希望妈妈们能够为此做出更多的努力。

共鸣角

如果想要获得孩子的协助，
那么请多使用一些积极的词语。
"别抢弟弟的东西。"
➡ "我们把弟弟的东西还给他吧。"

请使用一些具体的表法方式。
"别欺负弟弟。"
➡ "想要什么就大声叫妈妈帮你。妈妈会过来的。"

请提出一些可实现的请求。

"能不能像个哥哥一样。"

➡ "你想要什么就从自己房间里拿。"

请询问一下孩子的意见。

"不行。现在就穿上衣服出去。"

➡ "不想出去的话我们点外卖怎么样？你想吃什么？"

13 感到疲惫时与孩子一起克服问题

替代"你自己看着办吧，妈妈不管你了"

所有的宣布都带有预知未来的力量。

对未来的期望与自我抛弃，这两者之间，

你想给予孩子什么样的力量呢?

    Replus 研究所与未婚妈妈保护机构签订了业务协议谅解备忘录，并正在以未婚妈妈为对象进行为期六周的对话训练。这个项目涵盖 16 岁到 30 多岁的未婚妈妈们，我们发现她们的烦恼也跟其他妈妈一样。不论是单亲家庭、离婚家庭、领养家庭、亲生父母家庭还是祖父母家庭，在养育孩子的过程中，每个妈妈都会经历大大小小令人伤心、愧疚、生气的事情。但对于未婚妈妈家庭来说，孩子们不知道有爸爸这个存在或没有见过爸爸，所以这些群体会有一些不为人知的伤痛。当孩子寻找爸爸时，未婚妈妈心里一直都有因无法给予孩子父爱而产生的伤痛与愧疚感。但我们也能从她们"就算是我一个人也要守护在孩子身边。虽然他离开了，但我无法抛弃我的孩子"这样的话语中感受到母爱的伟大。无法抛弃孩子的话语展现出要接受一个全新的生命并要为此负责到底的意志。通过这些话语，我再一次意识到，孩子就是这个世界上永远无法割舍的存在。

想要放弃的父母角色

虽然我们都认为孩子是永远都无法割舍的存在，但在育儿的过程中，也会有某个瞬间让你觉得妈妈这个角色太让人疲惫，以至于想要放弃。

虽然每个人都不一样，但对我来说，育儿比工作辛苦多了。因为工作是有尽头的，但育儿却怎么都看不到尽头。每当想起没有好好享受与孩子在一起的那些瞬间，愧疚感会涌上心头，在街上看到一些毫无顾忌地迈着轻盈步伐的女性时，会觉得同样作为女人，自己的生活却判若云泥，所以心里很不是滋味。

那如果孩子顺从妈妈所有的意愿，好好长大的话，就没有任何问题了吗？面对一个不听话的孩子，奉献出自己 24 小时的时间与精力，妈妈们是非常疲惫的。因为不知道努力的尽头到底是什么，也会怀疑当初结婚生子的决定是否正确。想要放弃妈妈这个角色也肯定不是一次两次，在没有任何支撑的情况下守护自己生命的完整性是一件非常困难的事情，所以有些妈妈会去借助信仰的力量，这有时确实会起到一点作用。还有别的方法吗？也不能重新回到未婚的状态，就算是离婚了也不会重新回到过去，就算是换一个环境也只是暂时的。那么，在这一瞬间，在这样一个情况下，找到一个能够让自己幸福起来的方法是非常重要的。

在有孩子的世界里感受独一无二的快乐

每当到一个企业去讲课时，我都会这样开玩笑："公司的事就只是工作而已，真正有一辈子投资价值的其实是各位的子女们。各位的孩子们就是被低估了的蓝筹股。很多父母都会过低地评价自己的孩子，但事实上，孩子们都是蓝筹股。所以，请为蓝筹股投资，投入各位的时间和爱。"

我家孩子现在六岁，但有一天，跟幼儿园老师谈完话回来的妻子陷入了苦恼之中。刚开始以为没什么大不了，就那么不以为意地过去了，但现在我也开始担心了。幼儿园老师说，我家孩子有语言障碍，发育有些迟缓，社交能力也比较弱，所以要考虑接受语言治疗。老师说如果就这样开始上小学，可能无法很好地合群。该怎么办才好呢？真不知道为什么这样的事情会找上我们。

听到这个故事，我突然觉得在孩子面前，父母真的会瞬间变得非常软弱，对待孩子的事情也会比对待其他任何事情都要认真。对于其他人的困难，我们或许可以很轻易地给出建议，但在自己孩子面前，却没那么容易。所以我对他说："换个角度思考问题怎么样？幼儿园老师说'发育迟缓，会出现问题'等，是不是因为老师的这些话才让我们感到不安呢？每个孩子都有自己的成长节奏。如果孩子真的有问题，我们需要做的是帮助孩子与身边的人更好地相处，而不是急于去接受治疗。就像如果孩子咳嗽得厉害就要多喂他喝点热水，让他得到充分休息一样，我们要做的是帮助孩子跟其他小朋友正常交流、交朋友。"

　　我们可以从两种不同的观点去看待这件事情。问题到底是被对方的一些话伤到了，还是孩子现在处于一个十分需要父母帮助的情况。以"怎样才能对彼此有帮助"的观点去思考问题，我们就能从指责对方的态度中抽离出来，把更多精力集中于思考解决方法上。因为每个孩子的成长期都不同，所以就算不在适龄阶段，他们也能够学到东西。如果觉得自己的孩子与别人家的孩子比起来有那么点发育迟缓，那么我们要尽力帮助他们，担心和不安是起不到任何作用的。不论周围的人说些什么，只要父母保持自己的主见，那么孩子就一定能够健康、积极地长大。

　　上一个事例中的爸爸说："如果我积极帮助，孩子就能幸福地长大，那我一定选择帮助孩子。"如果感觉到负担就想要放弃、逃离、丢弃，这种时候我们就需要换个角度去看待问题。同样的事物会随着光照射进来的方向不同而显得不一样，孩子也会随着父母的观点不同而变得不同。

当这位父亲认为孩子有问题时，他感到非常担心害怕，并且想要逃避；但随着了解到孩子可能就是处于一个需要帮助的阶段时，他怀着一颗想要帮助的心开始积极行动了。就算没有看见我也确信，那个孩子会过上幸福的生活。对于孩子们来说，父母就是他们的整个世界。这是父母才有的资格，也正是父母才能获此殊荣。如果我们可以成为一个生命健康活下去的通路与土壤，那还有比这更令人感到兴奋的事吗？

是需要帮助的孩子
而不是有问题的孩子

"他家的孩子有点问题。"

人们总是喜欢这样判断别人，也喜欢议论是非对错。对于孩子，大人也喜欢用一些判断对错的标准去下定论。但是，那些所谓有问题的孩子可能不是真的有问题，而只是处于痛苦之中，在发出一个求助信号而已。我希望我们可以用爱的眼光去看待孩子，因为用爱的眼光去看待孩子，我们就会更倾向于思考如何去帮助他们。

就算是一个大人，当听到"有问题"这句话时，也会难过好久。不仅会变得非常怯懦，一旦自己也对这一评价感到认同，就会陷入无尽的痛苦与自卑中。人们非常害怕面对指责，尤其是像"你有问题，你错了"这些话，会让一个人难过好久，成为心中无法抹去的伤疤。所以千万不要对孩子说这种话。世界上有那么多好的礼物，我们没必要非把这些会让人痛苦一辈子的话抛给对方。

在对话训练课程中，我问父母们："你们觉得孩子什么样的言行举止能算得上是有问题的呢？"有人回答："我家孩子不愿意一个人吃饭。""我家孩子会打弟弟／妹妹。"父母们很轻易地就断定自己的孩子是有问题的孩子，但一旦问他们称自己孩子为问题儿童的原因时，程度却不过如此。我们有必要因这些举动就把"问题儿童"这一标签贴在孩子身上吗？虽然作判断与下结论很容易，然而一旦去深挖原因就会发现那些理由其实都非常荒谬。

随着孩子渐渐长大，他们经常会对父母称之为问题的一些点进行反驳。如果对孩子说："把电视关了进去学习。"那孩子就会说："妈妈不也天天看电视吗？"如果对孩子说："能不能看点书。"那孩子就会说："我一次都没见过妈妈看书。"

接下来，我们往往会这样反应。

"行，以后你自己看着办吧。妈妈不管了。"

其实我们根本就不可能不管，但非得用这些不必要说的话去伤害孩子，而我们内心真正想做的只是嘱托而已，可能只是"理解一下妈妈的心吧，我希望你能帮妈妈一下"这句话而已。不论何时都要表达内心真正的需要，这就是沟通的核心。

共鸣角

请观察一下你认为有问题的孩子的言行举止。
"你怎么能这样啊？你真是有问题。"
➡ "昨天和今天袜子、衣服都在桌子上面。"

请跟随自己的内心去嘱托孩子。
"你怎么能把这儿弄得这么乱？家是你一个人住的地方吗？"
➡ "这个家是我们一家人共同居住的地方，所以需要你的协助。能不能把这个放进洗衣机里呢？"

14 当孩子在意别人对自己的看法时，转换他的想法

当孩子说"老师说我是个脏孩子"

"那个人是天使。"

"那个人很自私。"

"我老公是完美主义者。"

我们只有快速评价别人时才觉得安心，因为只有摸清对方才能对他进行预测，也才能知道对方是不是对自己有用的人。但我们也会对自己进行评价、给自己贴标签等。

"我是一个特别糟糕的人。"

"我很完美。"

"我是一个非常有魅力的人。"

人类是无法用一两句话完全概括的存在，但我们却经常用一两句话去评价孩子。

"我家孩子非常善良。"

"我家孩子就只知道自己，特别自私。"

"我家孩子是个胆小鬼。"

"我家老大非常有责任心。"

"我家老二非常精明强干。"

标签的悲剧

从小学一年级开始，很多人就评价我非常散漫。妈妈也说老师们非常不看好我。小学四年级的时候，老师在一张纸条上写着"我是问题儿童，请惩罚我"。然后将纸条贴在我的背后，让我去每个班都转一圈。我真的非常不想这样，于是我逃了出来。我在外面转了整个下午，到晚上才回家，不出所料，回到家就被妈妈骂了。而且，当时老师还把妈妈叫到学校，说我不适合正常的学校生活，需要接受特殊教育。

大部分的学校老师都爱孩子，也想从孩子的角度出发去指导他们。但由一位老师去照顾各种各样的孩子是非常困难的。因为他们时不时就会遇见自己真的无法理解、行为举止比较奇怪的孩子。在一群孩子当中，对不听老师话的孩子自始至终都用无微不至的爱去照顾是一件非常难得的事。就算是这样，我也无法对上述事例中老师的行为表示认同。有多少孩子会因为师长或父母给他们贴的标签而感到难过，以至自尊心受挫，其实这是一件非常让人气愤的事。

上述事例当中的主人公从小就觉得自己确实是一个有问题的人，而且为了打消这种想法，他经历了非常多的痛苦。孩子一旦被别人贴上不好的标签，就很难重新修复自尊。不论父母多么苦口婆心地告诉孩子"不是的。你真的非常棒，你怎么能这么想呢，不要轻信别人的话"，也无济于事。当孩子处于一个非常在乎同龄人对自己看法的年龄段时，朋友一句漫不经心的话都足以让他信心大跌。

虽然父母们都希望自己的孩子不要把周围人对他的负面评价太当回事，但令人心痛的是，很多孩子在成长过程中会把周围人对自己的评价当成事实。

观点的转换

如果孩子在幼儿园或小学阶段对我们说"妈妈，有人说我有问题。妈妈，我是一个坏孩子"，我们会怎么反应呢？我们肯定会因突如其来的不安与担忧先对这样的话进行否定。"不是啊，是谁说了那种讨厌的话？""你怎么可能有问题？你没有问题。"但令人心痛的是，当孩子开始对这样的负面标签进行内在化，真的去接受那些评价时，他们会把父母们强烈的否定当成强烈的肯定去看待。

这时父母们千万不可以过于急躁。父母们首先需要做的是帮助孩子站在不同的角度去看待问题，从而转换观点，进行换气，而不是对那些负面标签进行否定。如果孩子对你说"妈妈，我是一个坏孩子"，这便不可能是因一件事而引发的想法。孩子可能是在不知不觉中多次看到了老师或父母感到不可理喻的表情，也有可能是通过老师或其他小朋友对自己的评价而把一些歪曲的想法当成了事实去看待自己。以这样的过程形成想法的孩子，就不会轻易因听到父母对自己说"你不是这样的人"而转变自己的想法。

标签带来的支配效果就像是自己被宣判了一样。所以被人评价为"善良"的孩子会故意让自己看起来更善良；被人评价为"自私"的孩子会接受这样的标签，把自私当成自己真正的样子。

虽然这么说有些矛盾，但为了不按照别人给自己贴的标签活下去，我们就不能先对标签进行否定。反倒要这么想："啊，原来在他眼里我是这个样子的啊。真遗憾没能让他看到我不同的样子。"这才是健康的思维方式。

怎样才能不让孩子受标签的影响呢？我们要忍住说"不是，你不是那样的人"之类的话，而是要开始不同的对话。先问："你是这么想的吗？"孩子可能会说："嗯。不是想法而是事实。"接下来再问："你什么时候会有这种想法呢？"

对孩子来说，可能会有那么一件事或一次经验让自己有这种想法。有可能不是一次，而是很多次。有的孩子会具体描述，有的孩子就只会说："每次都这样。"但如果父母问"你能举一个例子吗？比如说什么时候让你有这种想法？"，孩子们会具体说明的。那么，你就先安静听完，然后说出类似"确实会让人有这种想法"的话，先对其进行认同。你可以说："是的，这种时候如果是妈妈也会有这种想法。"接下来要说："但妈妈觉得还可以这么看。"然后通过描述一些具体的事例而引出接下来的观点。比如说："上次我们从面包店出来的时候，你看见一个小朋友摔倒了马上去把他扶起来了。每当妈妈看到你这么做时就不会有刚才那种想法。"

通过这样的对话，越是年龄小的孩子就越能从自我内化中走出来。他很有可能会这样思考："对呀，我也曾经帮过别人。我不是个坏孩子，当时可能只是因为心情不好，下次心情不好的时候我改变一下举动就好了。"

共鸣角

当孩子说〝妈妈，我是问题儿童〞时，
我们该怎样转变孩子的想法呢?

当孩子对自己贴标签的时候，请先把孩子的话听完。
〝太不像话了。是谁说的?〞
➡〝你能跟妈妈讲一下发生了什么事吗?〞

先不要否定，而是问孩子产生这种想法的原因。

"不要那么想。你不是问题儿童。"

➡ "你是什么时候产生这种想法的呢？"

先对孩子的想法表示理解，然后引导孩子站在不同的角度去看待问题。

"对呀，怎么能有那么蠢的想法呢？"

➡ "别人或许也会那么想。"

"人们总是根据一件事就妄下结论。"

"妈妈不这么想，想听听妈妈的想法吗？"

15 被别人拒绝时，教会孩子怎样去正确对待

当孩子说"妈妈，别的小朋友都不喜欢我"

拒绝并不意味着无视或讨厌对方，

或许只是说明现在有更重要的事情要做。

让孩子懂得拒绝的真正意义，可以让他们更健康地成长。

　　有一次我带孩子去小区的游乐场玩。虽然不是每次人都很多，但因为小区比较小，所以有固定的几个孩子总在那里玩。那天，我家孩子走上前去跟他们说了句："我们一起玩吧。"但那几个孩子却推开我家孩子说："你走开，你才几岁？我们不带你玩。你走吧。"听到这句话之后，我看见我家孩子尴尬地傻站在那里，当时我觉得天都要塌下来了。于是我走到孩子身边说："哥哥们现在好像不想跟你玩？可能他们现在有他们自己的事要做，来跟妈妈玩好不好？"我不知道

当时自己做得对不对。我当时真的太难过了，以至于打心底里讨厌那群孩子。

就算是一个大人，我们被别人拒绝之后都会难过好久，因为会觉得自己的价值都已不复存在了。当孩子被拒绝时，那种拒绝一不小心就会成为挫折，甚至父母都会跟着孩子难过。从这个角度来看，父母真的是一个容易被击垮的存在呀。就算是这样，我们也要好好思考一下当孩子被拒绝时应该怎么帮助他们。

正确看待现实

当孩子被拒绝时，最重要的是我们把重点放在哪里。是要把精力放在被朋友拒绝而正在难受的孩子身上，还是把重点放在我们自己的需求上？我们要明确地了解这一点，才能更好地帮助孩子。把因孩子被拒绝而感受到的那份难过先放下，首先要去思考其他能让孩子玩得更加开心的方法。

在上面的事例当中，我们要怎么做呢？"跟妈妈玩好不好？"这种方法很好。但"哥哥们现在好像不想跟你玩"这句话说得就有点让人遗憾了。这只是妈妈的想法，并不一定是事实。这时我们可以考虑对孩子说："现在他们自己好像在玩一些什么东西，可能他们想继续。我们现在过去问一下怎么样？如果他们还是不想跟我们一起玩，那就跟妈妈去玩些别的吧。"

被拒绝只是说明对方想要集中于自己目前在做的事，或者更想去做自己想做的事，但并不代表讨厌、孤立或排挤我家孩子。所有的所有都只是妈妈自己的想法而已，所以要尊重那些孩子正在做的事，然后带领自己的孩子一起寻找另外一些可以玩的项目就好了。这才是帮助孩子的正确方法。

"他们都说了不想跟你玩了，还想怎么样？"

"算了，以后别跟那些小朋友玩了。你就只跟你喜欢的小朋友一起玩吧。"

类似这样的话更起不到任何作用，还会让你的孩子与那些孩子的关系进一步恶化。

当孩子被拒绝时，我们不能让孩子觉得是因为自己才被拒绝的。要向孩子解释："那些小朋友可能有他们自己要做的事。"不是对孩子说："他们好像不想跟你玩。"而是要说："他们应该有一些自己的事，只能他们自己去做。我们理解一下他们吧。"其实大部分情况下，这就是事实。作为妈妈，我们要向孩子解释清楚状况，这样孩子才能更健康地对其进行处理。

健康的情绪调节

在带领一个组织前进时，最让人棘手的就是队员的沉默现象。员工们不愿意说话，从企业的立场来看是一件非常让人为难的事。因为只有说话才能发表想法与见解，才能解决问题。

如果一个人非常沉默，不愿协助，时常畏畏缩缩，感觉抑郁，那么有两种原因会导致这种情况发生。第一，是由于没有意识到自己的情绪。他可能完全不知道自己现在是伤心、难过或不耐烦；第二种情况是，调节自己情绪的能力比较差。调节情绪的能力是由能否准确意识到这些情绪决定的，像"我现在情绪非常糟糕，不过还是忍一下吧"等想法，其实是调节不好自己的情绪的。

孩子们也是如此。当被拒绝时，能够好好调整自己情绪的孩子会较自如地应对，但调节不好自己情绪的孩子就无法好好适应。问题是，当后面的情况发生时，孩子自己会极端地认为："我完了。谁都不会在我身边。我被抛弃了。我被孤立了。"但是，与之相反，能够意识到自己情绪的孩子会这样想，比如："跟别人玩就好了。跟其他人玩也可以呀。虽然有点伤心，但也没办法。明天也许他们还会主动来找我玩呢。我可以跟其他小朋友玩。"

这两种能力的差异其实非常大。"没有人比我更不幸了"，带着这样的想法生活的人，与带着"明天一定会更好，还有比我遭遇更严重情形的人呢"这种的想法生活的人，是完全不一样的。

如果看见孩子被其他人拒绝了，那么不可以让他以"我被拒绝了"的心态去面对。小时候也曾有过类似经历的妈妈，看到自己的孩子被拒绝可能会更加心痛。但一定要记住的是，每个孩子都会经历这种事情，这是现实。这就是为什么我们要教会孩子怎样去调节自己的情绪，如何正确解释所面对的不同情况。为了能够做到这一点，妈妈首先要具备能够好好向孩子解释的能力。"他们不想跟你玩"和"他们可能有一些自己要去做的事"是完全不同的。同理，如果孩子说"我不想跟他玩，因为他总打我"，那么我们要从孩子的话中分辨出他正在表达自己对于安全的需求。在这种情况下，我们需要向对方孩子说："我们想安全地玩，怎么办才好呢？"而不是说："因为你总打他，所以他都不想跟你玩了。"

看见孩子被拒绝，妈妈需要给他一些自己思考的时间。如果孩子总是面对这样的情况，我们就要开始出手帮助孩子了，从而让他能够和其他小朋友相处得更加和谐。

父母不可能成为孩子永远的朋友。这时，我们不能把孩子像扔在广阔的操场上一样，对他说："去，你去说说看。"而是要试着去邀请孩子的一位好朋友来家里做客。这是为了帮助孩子与朋友好好相处。如果以这种方式一点一点地帮助孩子，那么他会接受一些现实，慢慢与能够理解自己的好朋友相处得更加和谐。

请好好解释拒绝的含义。

"妈妈，朋友们都说不喜欢我。"

➡ "他们不是不喜欢你，而是有更重要的事情要去做。"

"朋友们可能更想集中于他们现在正在做的事。"

"融入到他们当中去可能还需要一点时间。"

请提出另一些表达自己需求的方法。

"你以后也别跟他们玩了。""你要主动去说。"

➡ "让他们做完现在的事情之后，想找你玩的话再叫你好不好？"

"朋友们现在可能有一些别的重要的事情要做，我们先一边玩些别的一边等等他们，好不好？"

16 聪明地评价别人家的孩子

替代 "那个小朋友总说脏话，不要跟他玩了"

当孩子进入小学时，会有两件事最让妈妈们操心。"我的孩子会遇见什么样的老师呢？""我的孩子会遇见什么样的朋友呢？"每一位妈妈都希望自己的孩子能够受到老师们的爱护和朋友们的喜欢。新学期开始之后，当孩子交到了新的朋友，把朋友们带回家时，妈妈会为了照顾家里的孩子们忙得天旋地转。要观察孩子们是怎么玩的，要防止孩子们打架，还要想着怎样才能好好招待来家里的孩子。

我儿子小时候特别喜欢带朋友回家，少的时候一两名，多的时候五六名，而且几乎每天都带。儿子在低年级的时候，放学那段时间我几乎天天在家。虽然因儿子天天带朋友回家而稍稍有点疲惫，但在观察孩子们相处的过程，我发现每个孩子的性格都不一样，其实也挺有趣的。

孩子在跟其他孩子一起玩的时候，妈妈是很难以中立的立场去教育孩子的，因为还要考虑到孩子朋友家长们的心情。是否要管束自己家的孩子，是否要嘱托、教导别人家的孩子，都是非常有难度的事情。

　　看见儿子的朋友们说脏话或吐口水时，我也没有断然阻止他们，只说了几句"不可以这样哦"的话。因为是别人家的孩子，所以感觉严肃地教育他们，或者发火都不太适合。久而久之，我也曾有过"真希望这个孩子以后不要再来了"这种想法，但这真的是对一位妈妈来说可取的态度吗？

　　在成长过程中，孩子们难免会失误、犯错，我们也知道要好好教导他们。所以当孩子的朋友们来到家里随便碰家里的东西、拿大人们的物品、打朋友、说脏话时，我们会陷入苦恼之中，苦恼该如果处理这些情况。我们会想："我有必要为别人家的孩子费心思吗？""下次就叫孩子别让他来了。"当天还是会好好招待他们，之后又会陷入要像对待自己的孩子一样好好教导他还是不准孩子再跟他玩的两难处境之中。

　　当来自己家做客的孩子做出一些让人无法容忍或无法接受的举动时，我们该怎么办呢？如果我们将情况告诉孩子的家长，对方家长会觉得不愉快，这样又会造成双方都尴尬的局面。因此，在这种情况下，我建议直接告诉那个孩子，而不是孩子的父母。

为了保护孩子而鼓起勇气

　　教导自己的孩子已经很困难了，更何况教育别人家的孩子呢。我们不能对别人家的孩子大喊大叫，更不能惩罚他们，所以大多数情况下会不知所措。所以遇到这种情况，我们常常忍过去，回过头来才对自己孩子说："你呀，以后不许跟他玩了。"但我们知道，我们无法对家里来的所有孩子都使用这个办法，因为心里会觉得不舒服。当然，如果和那个孩子的妈妈关系非常好的话，我们可以直接向她讲述事实并寻求协助。但这种社会纽带又不是经常存在的。

　　事实上，许多孩子都知道自己的某些举动是不正确的，但是无法控制好自己。这时，有两个阶段的机智训斥方法：第一个阶段，叫住那个孩子，把你观察到的告诉他，而不是劈头盖脸地说他。这时要说的是你所观察到的，而不是你正在思考的。

　　"阿姨刚才看见你没得到允许就把我们家的东西放进你包里了，对吗？""阿姨刚才看见你试着要把那个木棍扔向弟弟，对吗？"

　　如果像这样只向孩子表述你所看到的，那么这个孩子回去之后就不会跟他妈妈说"那个阿姨凶我了""那个阿姨骂我了"这样的话，因为你的表述并不是在指责或评价他。就算那个孩子回家之后跟自己的妈妈说了也没关系。当他的妈妈问他："那个阿姨怎么凶你了？"孩子只会一五一十地说他自己听到的。

但如果这样说的话，结果会怎样呢？"你不能做这种暴力的举动，这样的话就没法跟朋友们一起玩了，这样就会变成一个坏人。"

如果这样对孩子说话，他会感到非常伤心，但也无法很好地改掉自己的坏习惯。另外，如果那个孩子回家后告诉他妈妈，那么他妈妈也只会认为你在指责他，所以对她来说也可能是一种伤害。所以只有把你所观察到的讲述给那个孩子，才能从孩子那里得到"是的"这样的答案，得到孩子的允许之后，才能进入下一阶段。

以爱为基石的教导

第二个阶段的机智训斥方法是把自己的要求告诉孩子。

比如说："阿姨这样说是为了帮助你跟我们家 ×× 能够更好地相处，也是希望你下次再能来阿姨家里做客，开开心心地玩。"而不是说："你要是这样的话就不能和我们 ×× 玩了。你要是这样小朋友们都会讨厌你。要是你妈妈知道了得多伤心啊。"对于这些训斥的话，也许那个孩子已经听过无数遍了。我们的目的不是惩罚，而是让他理解，我们这么做是为了让他能够与自己的孩子更好地相处。之后，要向他说出我们的需求。我们要给予那个孩子对他有帮助的教导与嘱托，而不是让他去做一些不愿做的事或惩罚他。

请这样对孩子说："把你刚才放进自己包里的东西放回原位，阿姨会很感激你的。""那里有卫生纸，把你刚才吐的口水擦干净，然后跟阿姨约定下次再也不这样了。""你这样对着其他小朋友挥动木棍，会伤到别人。阿姨希望你不要拿着木棍玩了，或者去一个空旷一点的地方玩好吗？"作为大人，我们该做的是给予孩子真正的教导，而不是比较、竞争、威胁。

孩子们要生活的世界

如果对方孩子的妈妈知道了这件事，该怎么办呢？如果我们不是为了保护孩子，只是为了惩罚、指责，那么对方孩子的妈妈一定会感到不快。但如果了解到我们是真心为了纠正孩子错误行为的话，对方反倒会感激你。如果对孩子的某些行为视而不见，反而可能会对孩子以后产生非常不好的影响，我们要以一个母亲的心态去帮助每个孩子。当然，自己的孩子也不是完美无缺的，如果我们自己的孩子也在其他小朋友家做了一些不好的举动，我们是否也希望对方的妈妈能以同样的方式帮助我们家孩子呢？

孩子们是无法独立生活的。孩子们生活在一个共同体的世界之中，共同育儿也不是什么稀奇事。观察孩子们在一起玩耍的样子时，我们会发现平时不会注意到的一面。当感觉孩子的某些行为很危险的时候，我们当场就要以爱为基石去教育孩子，这就是共同育儿。我们可以把这个社会视为育儿共同体，不论是你的孩子还是我的孩子，都是非常珍贵的存在。不要认为孩子的朋友就与自己无关，也不要带着偏见去看待孩子的朋友们，这样自己的孩子才有机会交到各种各样的朋友。孩子们会根据大人对待自己态度的不同而表现不同。并不是只有自己完美了才有资格帮助别人，我们肩负着帮助孩子的义务和责任。

我儿子上中学的时候，曾有一次，我们躺在床上翻看了儿子小学时的毕业相册。儿子突然对我说："妈，我以前带朋友回家的时候，谢谢你还给我朋友们洗澡，准备我们的晚饭。当时很辛苦吧？"

我没有想到儿子竟然还能记得这些。我问儿子："你还能记得这些啊？"儿子回答说："当然了，我全都记得。""我小时候很调皮，所以经常挨骂，但因为妈妈对我的朋友非常好，所以我觉得朋友们才能和我玩得那么好。"原来孩子们都看在眼里。我儿子上小学的时候真的非常淘气，所以也经常跟别人吵架，发生矛盾，我也因此要时刻保持警惕。但听了儿子的话后，我感觉之前像对待自己孩子一样照顾其他孩子的努力都没有白费，非常有成就感。各位妈妈，请打开心扉，不要害怕像对待自己孩子一样去对待和教育别人家的孩子，真心永远是相通的。

共鸣角

当孩子把朋友带回家里时，请细心观察。

如果孩子做了一些好的举动，请毫不吝啬地称赞他。
"我们延寿真乖。"
➡ "延寿，谢谢你把阿姨做的零食分给朋友们，阿姨省了好多力呢。"

如果孩子做了一些让人感到不适的举动，请向孩子说出你所观察到的事实。
"你要是这样的话就没法跟朋友好好玩了。"
➡ "阿姨刚才看见你把食物扔到朋友身上了。"

向孩子说出你的需求，并指出错误。
"不许这样。说你做错了。"
➡ "把朋友身上的东西擦掉，然后向他道歉好不好？阿姨觉得你现在肯定也不好受。阿姨可以帮你，要不要试一下呢？"

向做出行动的孩子表达感谢。
"做得很好。以后不许再这样了。"
➡ "谢谢你。你能改正错误阿姨也觉得很开心。下次是不是不会再这样了？"

17 帮助孩子寻找内在动机，而不是习惯性补偿他

替代"只要你好好吃饭就让你看电视"

能够让孩子行动起来的力量不是补偿或强迫，
而是给予孩子信赖与时间。

我小的时候非常能吃，八岁左右的时候我能吃下 10 个煮鸡蛋。但我的哥哥特别不爱吃饭，所以妈妈经常说当初为了喂哥哥吃饭真是吃尽了苦头。当然，我在这里不是要讲让孩子好好吃饭的方法，而是要讲一讲父母们为了让孩子行动起来而做的那些补偿行为。

协调交换与共享

为了健健康康地生活，我们需要交换一些生活当中我们

所必需的东西，并理解彼此的心。因此，我们常常通过交换教给孩子重要的东西，也常常分享欢乐。例如，孩子们经常为了买一些喜欢的东西，通过在家里帮着做家务活来赚取零花钱。又比如，当孩子取得了一个好成绩或做成了某件事时，为了祝贺，我们会奖励孩子一些东西。类似这种健康的、有价值的交换，是我们所必须做的。但如果所有的事都以这种交换的形式进行，那父母与孩子之间的关系也会变得非常单调无味，甚至成为交易关系。交换需要在相互理解、感情交互的基础上进行。从下面的对话中，我们可以看到差异。

"哇，数学打了 90 分啊？"
"妈，你要履行承诺，快点给我买游戏卡。"
"好吧，既然之前约定好了，我这就给你买。"

在上面的对话中，我们看不到双方感情交互的价值，只有交换。

那下面这一组对话如何呢？

"哇，数学打了 90 分啊？先撇开约定不说，妈妈一想到你为了考试而努力就特别开心呢。前一段时间很累吧？辛苦儿子了。"
"虽然累了点，但是取得之前预想的分数就很开心。我是不是能拿到游戏卡了呀？"

"当然了。因为你的努力妈妈全都看在眼里，所以就算这次你没有打 90 分，妈妈也打算给你买来着。游戏卡妈妈也给你买，另外，为了庆祝，我们买一块蛋糕吃吧？"

交换是基于彼此的言行而实现的，但感情的交互却让交换变得更有价值。如果没有对彼此内心的理解，没有感情的交互，交换就没有了人情味。在养育孩子的过程中，喂孩子吃饭时，让孩子刷牙时，让孩子整理房间时，让孩子做作业时，各位都会进行怎样的交换呢？另外，各位有没有因只关注了交换的结果而与孩子发生矛盾的经历呢？

在交换的过程中，当孩子拿到想要的东西时，我们能看出一些特点，那就是感恩的心。孩子们认为大人是在履行承诺，所以会认为那是理所应当的。之前约定好考试得 90 分就买游戏卡，所以孩子会认为拿到游戏卡是应该的。如果想要在与孩子的关系中感觉到爱与感恩，就不能让我们与孩子之间的关系充满了交易性。因为那不是爱，而是生意。每当我看到父母们带着太多条件去补偿孩子时，就会感到非常忧虑。例如，孩子好好吃饭了就为他做什么等。吃饭是为了身体健康，也是成长的必需，因孩子好好吃饭就准他看电视或给他玩具不是一个健康的方式。如果做这些非常基本的事情都要以补偿为代价的话，孩子长大之后就会对自己必须要做的事难以分辨，也很有可能在没有补偿的情况下根本不愿去做一些必须做的事情。

能够让孩子行动起来的内在动机

让孩子在内在动机的驱动下行动还是外在动机的驱动下行动是一个非常重要的决定，父母要把握好分寸。有些事，就算没有补偿，孩子也必须去做。比如保持自己身体的卫生，为了学习而努力，照顾身边的人，为了集体生活保持周围卫生等事情，我们要让孩子从内心觉得这些是重要的事，而不只是为了获得补偿才去做的事情。哪怕让孩子理解这个道理并行动起来需要花很长的时间与精力，也需要在没有任何补偿的情况下去说服、引导孩子做好这些必要的事情，因为这是我们作为父母的职责所在。换句话说，在遵守生活中一些重要的秩序与规则时，是不可以带有任何条件的。让孩子亲身体会这些事情的重要性，父母只需要在身边默默关注与等待，对孩子表示感谢并鼓励他们就可以了。因为每个孩子的成长速度都不同，所以在我们等待的时间与方法上也会有一些不同。如果孩子开始自发地去做这些事情，那真是再优秀不过了。因为靠内在动力驱动而去行动的孩子，我们能够从他们眼中看到热情与活力。

现在，我们从对话当中去观察一下。面对一个不愿吃饭的孩子，我们应该说些什么？该怎么去帮助他呢？当然，我们要以孩子喜欢的味道与方式去做食物。虽然我是一个不太会做菜的妈妈，做的菜都一般，但我也一直在努力尝试儿子喜欢的食物与口味。这一点想必是所有妈妈们都会去考虑的部分。同样需要努力的，是要用能让孩子理解的对话方式。

对话的时候，我建议以提出建议而不是条件的方式进行。允许孩子做选择，哪怕孩子做了与父母意见相反的选择，父母也不能强迫。不然孩子会感到非常混乱，你会成为最近流行的"自己心里已经有答案了还要对方作出选择的人"。如果长期如此反复，孩子会越来越感到无力，以至于不再相信妈妈说的话。如果孩子讨厌做某件事，比如讨厌吃饭，我们要做的是想办法让孩子爱上吃饭，而不是强迫孩子去吃或附上一些条件。我们可以让吃饭这件事变得稍微有趣些，比如把食物装饰得好看一点，或者让孩子跟吃饭吃得很香的人一起进食。而不是对孩子说："好好吃饭就让你看电视。"或者"要是好好吃饭就给你吃冰激凌，不好好吃就没有。"我们要对孩子说："甜点是饭后才能吃的。""我们吃完饭之后舒舒服服地坐下来看动画片吧。"

共鸣角

与孩子意见不合时，先不要一味地强迫他们或提出一些条件，而是要尝试使用一些不同的对话方法。

请询问孩子的需求。

"这个对身体好，都吃掉。"

➡ "下次你想吃什么呢？今天先把这个吃完好不好？"

提出意见而不是条件。

"吃完饭就让你看电视，不吃完不许看。"

➡ "吃完饭和妈妈一起看电视吧。"

18 倾听孩子为什么羡慕别人，
教会他懂得感恩

当孩子说"我也想住那样的房子"

孩子也会羡慕身边的朋友，但孩子会从观察到的现象说起，而不是直接说羡慕。例如，短发的孩子羡慕身边长发的小朋友，会对妈妈说："妈妈，为什么他的头发那么长呀？我的头发为什么这么短？"又比如："妈妈，为什么我的脸那么黑？他的脸那么白？"

有一天在超市，我听见一个小孩说："为什么我没有这个？"那一刻，我感觉到那个孩子应该是想要那个东西。当孩子羡慕或想要某个东西时，就会说出自己所观察到的来表达内心。

我们终将生活在与别人的关系当中。一个人无法独立生活在这个世界上，我们会与他人社交，也在与他人相处的过程中认知自己。我们会观察并学习对方的行为，看到对方所拥有的东西，也会对自己拥有的东西进行确认。我们会进行比较，而在此过程中形成的自卑感与优越感其实都是相对的。

你小时候羡慕过什么呢？现在你的孩子在羡慕些什么呢？如果我们能满足孩子羡慕的所有东西，孩子和你都会更加幸福吗？我也不知道这个问题的答案是什么。但有一件事我能确定，如果我们能处理好自己的羡慕心理，那么也同样能够处理好孩子的羡慕心理；如果孩子在羡慕某件东西时我们心乱如麻，那我们将无法好好帮助孩子。这就是为什么我们要理解嫉妒和猜忌心理。大体来看，有些羡慕心理只是暂时性的，但有些羡慕心理会在心中留存很久。

羡慕的心理，嫉妒的心理

小时候，有一次我曾去过一个对我非常好的朋友家玩。朋友的妈妈拿了豆包让我们吃，虽然有些凉了，但我记得还是非常好吃的。而那个朋友却因为有些凉了就不愿意吃，看到孩子不愿意吃，他的妈妈就重新蒸了一盘豆包给我们拿了过来。那件事以后，我就开始不喜欢他了，只要是他做的事，我都看不惯。结果，我跟他变得越来越疏远，但是现在想来，那是因为我在嫉妒他。

嫉妒有两种含义：第一种是羡慕心，第二种是嫉妒心。对于羡慕而言，如果是自己努力能够得来的就还好，这是健康的嫉妒心。但如果是无论怎么努力都得不来的，就另当别论了。我无法拥有那个朋友所拥有的爸爸妈妈还有他们那样的家庭，所以当时我是嫉妒他的。

　　我们常常会嫉妒他人，在那种无论怎么努力都实现不了的情况下，我们会感到无奈，心生忌妒。所以，对于孩子们来说，当同学被老师骂时会感到开心，同学感到伤心时自己反倒心情很好。但如果说羡慕可以成为让自己振作起来的动力，那么嫉妒则容易导致诋毁他人，甚至造成一些悲剧。拿我自己来说，我羡慕别人时常常感到非常受挫，进而猜忌别人，所以当我儿子说羡慕某个家时我都会感到非常难过。尤其当他羡慕爸爸妈妈在一起的小朋友时，我都感到无能为力。因为我认为那是我永远也无法给孩子的。

处理孩子嫉妒心的态度

　　在我旅居国外的一年时间里，我经常和儿子去我家楼上的邻居家玩。虽然邻居家的房子比较简朴，但我非常喜欢一直用素颜欢迎我们的那位妈妈。儿子也非常喜欢去那里，因为感到非常舒服。有一天，他家的爸爸邀请了教会的人和我们一起去他家做客。那天我们吃了美味的食物，听他爸爸弹着吉他唱着歌，度过了非常愉快的一天。但是那天晚上回到家里，儿子躺在床上跟我说了这么一句话："妈妈，我最羡慕华平他们家了。"

儿子把同样的话说了好几遍。听到这句话的我感觉太对不起孩子了，导致我一整晚心里都很不舒服。每个妈妈都想把自己的所有奉献给孩子，但孩子羡慕的恰恰是我无法给他的，所以我心里满满都是歉意。如果妈妈从心理上、情绪上开始崩溃，感到悲观、抑郁，孩子会更加痛苦，而且我们一不小心就会埋怨自己的父母或丈夫，也许还会试着去改变孩子的想法。

　　这时我们要承认，除了陪伴以外，我们无能为力。就算是摘星星、摘月亮，我们都想把最好的给孩子，但因为各种现实的原因，立马实现是不可能的，所以我们要接受这一点。不仅当下会感觉非常心痛，妈妈们时常也会产生自卑感、挫折感，因此我们要学会自我安慰。要明白，这就是人生，每个人多多少少都会有些自卑。只有这样，我们才能在孩子说这些话时回答："妈妈也知道你是什么样的心情。"人活着不可能拥有自己想要的所有东西，这就是人生。虽然孩子还无法很快理解这个道理，但我们要慢慢尝试让孩子去理解。

感恩自己所拥有的

　　不久前，我曾在社交软件上看到这样一篇祈祷文。

　　"今天早上我能睁开眼睛看到这个世界是一件多么值得感恩的事情啊；我能睁开我的双眼，用我的双腿走路，喝一杯沁人心脾的水是一件多么值得感恩的事情啊；我可以用我的双手去洗脸，还能睁开我的双眼去看我的孩子。希望我们都能通过这些日常去对一些或许看起来理所当然的事情产生感恩之情。"

我认为幸福可能就是反复获得与失去的过程，要懂得感恩现在所拥有的，孩子们也要懂得这一道理。但我们却一直向孩子们灌输一定要多获得的道理，告诉孩子们只有这样才能算作成功。然而这只会让孩子变得越来越不幸。不论获得多少，如果没有失去过就不会懂得珍惜。因此，我们要让孩子看到我们感恩于此时此刻的样子，在我们所在的位置上寻找幸福的模样。

如果因孩子的一句话我们就不停地徘徊于悲喜之间，或崩溃，或敏感，那么孩子可能会在心里犯嘀咕而无法说出来。为了能让孩子顺畅地与我们对话，我们要调整好自己的内心。这样的话，就算孩子会羡慕别人，他们也会从心里觉得自己的样子还不错，像之前的我们一样，好好地生活下去。

共鸣角

当孩子羡慕别人或羡慕别的家庭时，
请按照以下内容进行对话。

"妈妈，××的家为什么那么大？"

请先承认羡慕的心情。
"我们家这样就算不错了。"
➡ "是不是觉得朋友家很好啊。妈妈能理解你。"

请试着让孩子理解每个人都是不同的。
"我们以后也能搬到那样的房子里去。"
➡ "就像每个人的性格不一样、喜欢的食物也不一样似的，每个人的生活都是不同的。"

做我现在能做的。
"妈妈没能让你生活在那种房子里，感觉很对不起你。"
➡ "现在搬到那样的房子里还比较困难。但是今天做些什么能让我们开心一点呢？"
"我们来改变一下房间的构造吧，让房间看起来跟之前有点不同怎么样？"

19 了解孩子渴望被妈妈宠爱的心理

当孩子问"妈妈，你更喜欢我，还是更喜欢弟弟／妹妹呢？"

怀老二的时候，我跟妻子整整十个月都在对儿子说有弟弟的好处。当妻子的肚子隆起时，儿子也曾开心地反复问："弟弟是不是快要出来了呀？"但是，生下老二之后，老大的行为举止却开始反常了。原本已习惯自己睡的他突然吵着闹着说不想自己睡，上楼梯的时候也总是使小性子说："腿太疼，走不动了。"并要求抱他。所以现在一般都是妻子抱着老二，我抱着老大。原本自己都会做的事，现在全都不愿意做了，甚至连刷牙都不愿意自己刷了。虽然能够理解，这可能是有了弟弟之后的嫉妒心理，但时间久了就会觉得很不耐烦，真是不理解那么大的孩子为什么要这样。

这位爸爸下班回到家看见妻子正忙着照顾老二，自己本应去照顾老大，却不知所措。看着这位爸爸，我感到非常心疼。有些孩子会非常爱自己的弟弟／妹妹，也特别喜欢照顾他们。但大部分的孩子当面临弟弟／妹妹出生的情况时，比起新奇与快乐，反倒会感觉不安、嫉妒。这到底是为什么呢？

爱不会一分为二而是会乘以二

如果夫妻之间的爱变淡了，两个人可能会选择分开，但父母与子女之间是再怎么不和也分不开的关系。父母这一角色的存在，意味着他们将无条件地去爱护、尊重与认同自己的孩子。父母与子女之间的爱其实也是由责任连接起来的，爱是超越好感的意志行为。如果没有每一瞬间都要去爱孩子的选择与意志，那么这份爱将很难维持下去。

弟弟／妹妹出生之后，孩子会担心自己再也得不到父母的爱了，也会担心爸爸妈妈的爱会被弟弟／妹妹抢走，所以会感到非常不安。面对这样的情况，对孩子说："弟弟／妹妹是一个美好的存在。""弟弟／妹妹是应该被祝福的存在。""你以后不会再无聊了，有弟弟／妹妹有很多好处。"这样的话孩子们会理解吗？我们要先从爱的概念开始教起。为了能做到这一点，作为父母的我们首先应该了解正确的爱的概念。生了第二个孩子的父母偶尔会说老二更可爱一些，但并不会因为感觉老二更可爱就更爱老二。而是比起生老大时经常犯的失误，生下第二个孩子时，我们会更有经验，所以我们对孩子的一些举动会更加宽容，从而会觉得老二更可爱。

如果让你从老大和老二当中选择一个，你能做到吗？如果说两个孩子当中只能活下来一个呢？我们可能会说："把我带走，让两个孩子活下来吧。"对老大的疼爱并不会全部转移到老二身上。爱是奇迹也是魔术，当另一个孩子出现在我们的生活中时，同样的爱会再增加一份。爱并不是定量进行分割的，而是当另一个孩子出现在我们生活中时，爱的量会加倍。

我们要让孩子理解这个道理。告诉孩子爱并不是只有一份，而是可以加倍的，所以不要试着去抢夺父母的爱，只要好好去感受就可以了。

可以与嫉妒弟弟 / 妹妹的老大一起做的事情

在 A4 纸上画一个大大的爱心给孩子看。对孩子说："你出生的时候，这个爱嗖的一下就在妈妈心里出现了。"把另一张画有同样爱心的 A4 纸藏在身后，接着说："如果弟弟 / 妹妹出生了，那么这个爱不用分一半给弟弟 / 妹妹，这个爱照样全部都是你的。"

爱是奇迹也是魔术，
当另一个孩子出现在我们的生活中时，
同样的爱会再增加一份。
爱并不是定量进行分割，
而是当另一个孩子出现在我们生活中时，
爱的量会加倍。

孩子会问："如果不把对我的爱分一半给弟弟 / 妹妹的话，那对弟弟 / 妹妹的爱在哪里呀？"这时把藏在身后的 A4 纸拿出来给孩子看，说："你看，是不是还有一个？有了弟弟 / 妹妹之后，这样的爱会乘以二，不会把你的爱抢过去给弟弟 / 妹妹的。"

也可以利用积木向孩子解释。当然，用什么样的方式是无关紧要的，重要的是要让孩子懂得爱不会分出一半给弟弟 / 妹妹，而是会加倍。这样的话，当孩子看到弟弟 / 妹妹时，就会想起那幅画来。当然，对妈妈来说，身体上可能会更累一些。一天 24 个小时是一样的，但要把之前集中在一个孩子身上的精力分成两半去照看老二。比如花了一个小时陪孩子画画，那么可以对孩子说："妈妈要给弟弟 / 妹妹喂奶了，接下来你自己试一试。"这时，一定要告诉孩子虽然时间可能要一分为二，但爱是不会的。以前妈妈都是整天陪着我，现在却说要照顾弟弟 / 妹妹，所以孩子可能会觉得自己的爱被抢走了。但通过以上这些对谈，孩子会逐渐理解因为妈妈的身体只有一个，所以妈妈的时间可能要分一点给弟弟 / 妹妹，但爱是双倍的。

共鸣角

孩子问："妈妈，弟弟／妹妹更可爱还是我更可爱？"这时，请参考以下例子。

准备两张 A4 纸，各画一个大大的爱心。
一张给孩子看，另一张先藏起来。

把画有爱心的一张纸给孩子看，然后说：
"这是生下你之后，妈妈对你的爱。"
"你觉得有了弟弟／妹妹就要把这个爱分成两半吗？"

如果孩子说是，请把藏在身后的另一张纸拿出来给孩子看。
"你看，爱是不是变成两倍了？有了弟弟／妹妹之后同样的爱会再出现一份。"
"爱不是会拿来分割的，而是像泉水一样不停地涌出来的。"
"需要分割的只是时间而已。因为妈妈的身体只有一个，却要照顾你和弟弟／妹妹两个人。时间和爱不一样，要分一些给弟弟／妹妹。"

20 如何调节孩子们的矛盾

当孩子说〝妈妈就只知道向着弟弟／妹妹〞

我们班有个叫允浩的孩子有哮喘。跟其他孩子比起来，允浩比较体弱多病，身材也比较瘦小。开家长会那天，允浩妈妈对允浩的好朋友胜宇妈妈说："胜宇妈妈，胜宇有点活泼好动，可能会对我们家允浩造成一些困扰，希望体育课结束后胜宇不要把自己衣服上的灰掸到我们允浩身上。"

胜宇十分活泼好动，也比较调皮，所以允浩妈妈一直对胜宇把自己身上的灰掸到周围这一点耿耿于怀。听到这句话的胜宇妈妈不太开心了。

"孩子们上体育课的时候扬一点灰尘不是很正常的吗？胜宇虽然有点好动，但也不会故意做一些让朋友难受的事。"

允浩妈妈说："胜宇经常故意把灰尘掸到我们允浩身上。朋友之间稍微注意一点就好了，您对胜宇嘱咐一句话就那么困难吗？"

"哎呀，我会跟胜宇说的。不过如果您觉得那么碍眼的话，倒不如别让允浩上体育课了。"

胜宇妈妈说完这句话后，离开自己的位置坐到了我旁边。

如果这时有人站在胜宇妈妈这边说："对呀，如果孩子有哮喘，应该让他自己注意一点啊。"那允浩妈妈一定会非常恼火；如果站在允浩妈妈这边说："虽然胜宇妈妈不太愿意听，但是毕竟允浩有哮喘啊。说实话胜宇是太好动了，能不能让他稍微注意一些呢？"胜宇妈妈又会生气。如果可以学习一种方法，能够不站在任何一方指责另一方，而是可以调节两人之间的矛盾，那该有多好。这就叫仲裁矛盾。

允浩妈妈真心希望胜宇妈妈做的，即真正的需求是"为了让孩子们健康长大而互相帮助 / 对身边人的协助与理解"。而胜宇妈妈真心希望允浩妈妈做的，即真正的需求是"保护孩子不受责备 / 希望孩子的个性得到尊重"。因为双方没有互相理解，所以允浩妈妈觉得担忧、伤心，胜宇妈妈也觉得委屈、失望。

对于这两位妈妈，她们目前所需要的是理解对方的需求并寻找可以满足对方需求的办法，而不是互相指责与埋怨。我们想教会孩子的也正是这种解决问题的能力。那么，如果面对孩子与朋友吵架的情况、兄弟姐妹之间吵架的情况，作为妈妈的我们该怎样帮助孩子呢？

仲裁技术一：告诉双方彼此的需求

　　我的两个儿子只差一岁。平时他们的关系很好，但偶尔也有吵架的时候。因为两个孩子的性格都非常倔，所以只要一吵架就都固执己见，让我不知所措。只有我非常严肃地去说他们或者只站在一个孩子这边去调节时，矛盾才能得到解决。不久前，弟弟缠着哥哥要哥哥的一本书，但是哥哥不给，于是弟弟直接抢了过来。哥哥跑到我这边说弟弟在没有他允许的情况下把书抢走了，让我好好教训弟弟一下。我对哥哥说："他是弟弟，你就让一下嘛。你看别的书不就好了吗。"哥哥突然对我说："妈妈！你怎么能这样？上次我玩弟弟乐高的时候你就说我了，这次怎么能这样呢？"我瞬间无话可说，于是对弟弟说："你赶紧把书还给哥哥。"但弟弟立马委屈地说："妈妈，你就只知道向着哥哥。天天给哥哥买新书，我却每次只能看哥哥看过的。"我不知道该说什么，只是喊了几句，弟弟哭了一会儿之后，这件事就不了了之。孩子们吵架的时候，我经常不知道该怎么办，非常为难。

　　陷入矛盾的两个孩子都会认为自己是受害者。妈妈就算心里大概知道谁是加害者，谁是受害者，也不能草率地下结论。就像当我们处于负面情绪中时，会对自己的行为进行合理化、做自我防护一样，孩子此时也都会认为自己是受害者。当妈妈面对两个正处于矛盾中的孩子时，要遵守的第一条规则就是厘清他们各自真正的需求是什么，而不是去判断任何一方的对与错。

哥哥的需求是什么呢？

想让妈妈知道自己想要被公平对待的心理并相信自己——与妈妈的关系

受到尊重，对于能够自己做决定这一点得到认可——与弟弟的关系

弟弟的需求是什么呢？

想要确认自己也跟哥哥一样重要，一样能够被爱——与妈妈的关系

想让哥哥知道自己也想愉快地玩耍，和哥哥一起玩——与哥哥的关系

让处于矛盾中的两个孩子停止互相指责的方法就是把注意力转移到对方的需求上。这时可以对哥哥说："知道了，妈妈认为哥哥觉得公平很重要，你的东西想要自己来做决定，是不是想在这一点上得到尊重呢？"然后看着弟弟说："弟弟是不是想开开心心地跟哥哥玩呢？原来弟弟是想在妈妈这里确认你也跟哥哥一样被妈妈爱啊？"

如果对孩子说"什么叫你的？都是妈妈给买的，怎么能占为己有呢？拿来，把书让给弟弟"或者"不许吵架！不许闹！向对方说对不起。谁先开始的？分明是你做错了"，以这种方式解决问题的话，两个孩子中肯定有一方会受伤。希望父母能牢记，作为一个中立者，在仲裁矛盾时，最重要的就是找到双方真正的需求。

仲裁技术二：对因需求产生的情绪给予认同

"因哥哥而伤心了啊。"

➡ "原来是因为没能开开心心地玩所以伤心了啊。"

"因弟弟而生气了啊。"

➡ "原来是因为没能自己做选择所以生气了啊。"

如果弄清楚了孩子们真正的需求是什么，下一步就要帮助孩子们去感受因需求没有被满足而引发的情绪是什么样的。哥哥是想对自己的东西做决定，也想在这一点上得到尊重，因这些需求没有被满足所以才生气。弟弟是因为想跟哥哥一起开心地玩这一点需求没有被满足所以才伤心、失望。

此时，彼此的行为只是导火索，并不是产生这些情绪的深层原因。哥哥并不会每一次在弟弟把自己的书拿走时感到愤怒。对于哥哥来说，在那一天的那一瞬间，那个需求变得非常重要，所以才生气。这个道理与我们并不会每次因孩子不写作业就生气是一样的。如果某一天，我们感到非常疲惫，想好好休息，可能便会因孩子没写作业而感到愤怒；但如果在身心非常舒服的情况下，可能就算孩子没写完作业，我们也不会生气。虽然可能会稍稍有些担心、焦虑，但情绪会因自己当下的需求不同而不同。这时，对方的行为只能说是点燃那一情绪的导火索，并不能成为激发情绪的根本原因，对于这两个孩子来说也是一样的。所以，在调节两个孩子的矛盾时，不要说"因哥哥而伤心了啊""因弟弟而伤心了啊"，而是要说"事情没能如你所愿，所以伤心了啊"，这样才能对孩子有所帮助。

仲裁技术三：探索能够满足双方需求的方法

如果我们暂时放下想要追究责任、查明错误的态度，或许可以更好地解决问题，我们也可以把孩子的观点往这一思路上引导。

"他有问题。他很坏。所以他要先承认错误。"

➡ "我们之间出现了问题。我们一起找到解决问题的方法就好了。"

我们要怎样去了解哥哥和弟弟两个人的需求呢？
可以先问孩子。

"怎么样才能既尊重哥哥的选择，又开开心心地玩呢？"

"那哥哥念给我听吧。不然哥哥看完把书借给我怎么样？"

"来，弟弟想开开心心地玩，我们怎样才能帮助他呢？"

"我看完之后再跟你玩别的吧，或者我念给你听，但是书要让我拿着。"

为什么出现问题之后，我们无法马上以这样的方式去解决，而是要互相指责呢？因为存在着想让对方理解自己未被满足的需求与随之产生的情绪。你肯定也有过虽然问题解决了，但还是感到不愉快、感到失落的经历。那是因为虽然结果一样重要，但只有在过程中自己的情绪与未被满足的需求被对方理解之后，才会想要真正理解对方，与对方协力解决问题。

仲裁技术四：在闲暇的时候尝试

我经常仲裁失败，因为我经常在比较焦躁或没有时间的情况下去尝试调节矛盾。作为父母，我们有能力去挖掘孩子内心的需求并与孩子感同身受。但如果是在着急出门或上班的情况下，面对孩子之间的争吵，很好地去调节矛盾是不现实的。这种时候，我们要先解决自己的燃眉之急，对于孩子们的负面情绪，可能要暂时将它们保留起来。之后，在有闲暇时间时，再去对孩子以前有过的负面情绪与未被满足的需求进行调节，然后定下一些规则，约定当下次再有这样的情况发生时要怎样去解决。当想要与孩子一起解决问题时，最先要考虑的就是我们自己的体力与精力。

共鸣角

如果在孩子之间的矛盾中担当仲裁者的角色，那么请记住以下内容再进行对话。

首先要向孩子挑明"我不站在任何人一边，我是中立者"的态度。

"谁先开始的？"

➡ "现在让我们来解决问题吧，妈妈来帮你们。"

让孩子们看到你试着公正倾听双方意见的态度。

"是你做错了。"

➡ "每个人轮着说五分钟，在对方说话的时候要耐心等待。"

让孩子们看到你试着倾听他们未被满足的需求的态度。（参考附录2——需求列表，254页）

"都是因为你。"

➡ "原来是因为你想要得到的没有被满足啊。原来你当时需要的是（例：尊重，理解，保护）……"

告诉孩子两个人要彼此照顾，并告诉两个人可以向对方提什么样的需求。

"向对方道歉，以后不许吵架了。"

➡ "如果两个人都想得到满足的话，应该做些什么努力呢？"

21 了解并认同孩子恐惧死亡的心理

当孩子说"妈妈要是死了，我该怎么办?"

听到我的长期学员之一，也是三个孩子的妈妈因乳腺癌去世的消息，我盯着微信上她的照片看了好久。微信照片上的人音容宛在，但她去世的事实太让我心痛，我在沙发上坐了很久很久，什么也做不了。她的孩子们会在这个没有妈妈的世界上遇到多少挫折呢，我把手放在了胸口，祈祷三个孩子能够健康长大。在死亡面前，一切理所当然的事都变得不那么理所当然了。

活着就是奇迹

如果懂得没有什么东西是理所当然的这一道理，那么日常生活就会变得不一样。看着孩子的脸，照顾孩子，做食物，抚摸孩子并亲亲他，呼吸，这一切都像是奇迹。打开手机就能歪靠在椅子上跟亲朋好友联系，这一切也是奇迹。

几年前做体检的时候，发现身体上有些异常，所以我做了病理检查。做完病理检查后等结果的那一个星期，一切理所当然的事都变得不那么理所当然。虽然只是一小会儿，但我体会到了那些即将面对死亡的人的感觉。还有，当恐慌障碍发作的时候，连呼吸都会变得不那么理所当然了。恐慌障碍发作的时候，那种窒息的恐惧感向我袭来，我甚至祈祷只要能让我好好呼吸就好。每当这时，我会感觉连呼吸都由不得自己，觉得自己无可奈何，微不足道，由此陷入抑郁之中。

我们偶尔需要对一些理所当然的事进行重新思考。体会到有些理所当然的事其实并不是理所当然的，那么就会有动力去过好今天，与孩子感同身受的能力也会被激活。因为当觉得与孩子在一起是一件理所当然的事时，那些本应被看见的会消失在眼前。另一个需要这样想的理由是，如果我们把所有的事都想得过于理所应当，那么不知不觉间，我们就会与身边的人渐渐疏远，甚至被孤立，到最后可能还会断绝联系。

当整整一个星期都陷于对死亡的恐惧之中时，我读了由女精神医学家伊丽莎白·库伯勒·罗斯撰写的《人生的功课》一书。三胞胎之一的伊丽莎白看着与自己一模一样的两个人，从小就带着"我是谁"的自我疑惑长大。在人生中，"我是谁？我来自哪里？我去向何方？"是非常重要的问题。带着要为别人做贡献的决心，她成为一名精神科医生，并选择参加临终关怀活动。她收集了面对死亡的人留下的人生之课，汇编成了《人生的功课》这本书。

孩子是一个不慌不忙且珍贵的存在

当孩子生病的时候，我们会觉得只要孩子能好好吃饭就心满意足了。但是当孩子痊愈之后，没写完作业吃饭还吃得很香时，我们会对孩子说："你除了吃饭还能做好什么？"作为妈妈，我们要时刻反省，只有这样，孩子才能过好真正的人生。

当我们的感情变得干枯时，孩子的心也会枯竭。我们要成为这样的妈妈，当孩子流泪时，能说一句"是不是很难过呀？来让妈妈抱抱"，而不是说"这点事有什么好伤心的"；当孩子开心地笑时，能说一句"有什么开心的事啊？看到你开心妈妈也感到幸福呢，来抱抱"，而不是说"真是芝麻大点的事都能让你笑"。试想："如果此刻是我人生中的最后一瞬间，那么我会对孩子说些什么、做些什么呢？"如果这样想，那么每一瞬间我们都能领悟到孩子是一个无比珍贵的存在。

面对死亡，寻找人生的意义

伊丽莎白·库伯勒·罗斯在一次采访中说道："人们都以

为我是死亡女医生，但我并不是在研究死亡。我在寻找人生真正的意义。"在等待检查结果的那一个星期里，我也想了许多。"如果真的是癌症，情况很严重的话，我儿子怎么办？我没办法陪在他身边怎么办？"这种恐惧始终围绕着我，让我感到全身麻痹，忍不住掉下眼泪。当时的感觉就像是我被扔在了一个荒无人烟的孤岛上，如果没了我，我想我儿子也会是这种感觉，所以我对此充满了担心。有一天，我把车停在路边，深呼吸时，"今天要早点回家迎接儿子"的想法突然出现在我的脑海里，所以我决定取消下午的日程。

工作的时候，往往会面对紧急的事和不紧急但重要的事，在那一瞬间，我觉得回家陪儿子对我来说才是最重要的事。有些紧急的事就算不敏感也能知道，比如在截止日之前交物业费等。但也有不紧急却重要的事，就像是日常生活中回家迎接放学回来的孩子。这是理所当然的吗？当本以为理所当然的事变得不理所当然时，我们就会领悟"之前的我是有多不懂得珍惜"这个道理。失去亲人的那些人当天也肯定理所当然地认为家人晚上就会回来，也许早上他们还吵了一架。但是如果理所当然地以为会回来的家人没有回来呢？我们不免会想"要怎么度过这一天"。为了不后悔，我们要更加用力去爱，用力去表达。

我们爱的人还在我们身边，如此亲近的亲人就在我们身边——想到这一点，我们就会觉得很温暖。但环顾四周，我们就会发现还有很多人在经历一些悲痛的事。希望我们能把与孩子度过的每一天都当成珍贵的礼物去对待，同时也能去感受他人的伤痛。

共鸣角

如果孩子一直恐惧父母有一天会死去，请与孩子进行如下对话。

"妈妈，妈妈要是死了我该怎么办？"

请接纳孩子的情绪，而不是去否认或试着去纠正。
"怎么可能死？"
➡ "这些想法让你感觉到不安了呀？"

请与孩子进行一些肢体接触，并试着去理解他。
"不会死。妈妈现在很健康啊。""说那种话不吉利，以后不许说了。"
➡ "妈妈觉得能够健健康康地度过这一天真的是一件很感恩的事情呢。是吧？为了明天也能这样健康，我们一起努力吧。过来，让妈妈抱一下。"

22 向因爸爸妈妈吵架而感到不安的 孩子道歉

替代 "如果没有你，妈妈早就跟爸爸离 婚了"

　　我的孩子现在读小学二年级。有一天，孩子在睡觉，我跟丈夫谈话的时候因为一些事吵了起来。虽然是因一些琐碎的事情开始争执的，但因为之前积攒了不少负面情绪，一下就爆发了，我们大声吵了起来，接着我们就失去了理智。丈夫把餐桌上的筷子摔到了地上，用手打了我的头。我也因为实在太生气了，就疯狂地捶了丈夫的后背。就在那时，本以为睡着了的孩子竟然在厨房的一个角落里看着我们。我试着靠近孩子的时候，孩子一下子就逃到自己的房间里，把门锁了起来。孩子他爸摔门而出，而我回到房间哭了好一会儿。虽然过了好几天，但我跟孩子还是没有谈论过这件事。孩子对这件事也闭口不提。比起我直接跟孩子说，是不是要去接受一下他人的帮助或咨询呢？

作为父母，虽然我们只想给孩子展示我们好的一面，但经常因控制不住情绪，让孩子看到我们互相指责、大声争吵，甚至互相摔东西、打骂的样子。随后，不知所措的我们就会陷入自责与后悔当中。但人生本就不是一帆风顺的，只要懂得这个道理，我们就会知道在那一瞬间该怎样去安慰自己，更好地走人生的道路了。

诚实的力量

上一事例当中的妈妈，会是怎样的心情呢？她肯定也想以能够保护孩子的方式去解决矛盾，但每一种方法都不太尽如人意。结果，她内心感到极度不安，也不知道对孩子造成了什么样的影响，因此不知所措。这时，对于这位妈妈来说，最重要的就是让孩子恢复稳定的情绪。

那么，孩子又会是什么样的心情呢？我们可以预料到，当看到父母在吵架时，孩子心里会有多恐惧，深知自己无能为力的他们又会感到多么的茫然，因"我以后该怎么办"这样的想法会感到多么的不安。这时确实应该去找专家寻求帮助。

但如果没有条件去寻求专家的帮助时，我们该怎么做呢？回顾我以前的离婚经历，"作为大人的我都如此痛苦，孩子该有多煎熬呢"，这样的想法经常出现在我的脑海中。有些道理往往只有在成为不可愈合的伤疤之后，才会使我们突然醒悟。我们绝对不能错过可以与孩子产生共鸣的时期。

这时，为了能让孩子感到安心，妈妈应该主动去表达自己内心的想法。应该诚实地对孩子说："上次让你看到爸爸妈妈吵架的样子，真的很对不起你。就算是意见不一致，爸爸妈妈也应该以更温和的方式去谈论事情，但我们没能这样。爸爸妈妈现在都很担心你会受伤。你能告诉妈妈你当时是怎样的心情吗？"我们都害怕坦诚地表达自己的内心，因为害怕会给孩子带来更深层的伤害。但如果以为孩子现在还无法理解就选择沉默而忽略这件事情的话，只会让孩子更加慌乱，更加不知所措。

感同身受的力量

如果听了妈妈的话之后，孩子说："嗯，我当时很害怕。我不喜欢爸爸妈妈吵架。"那么这表明此刻我们就是在与孩子产生共鸣。

"是吧，是不是感到很害怕、不安呢？"——情绪

"你是不是希望爸爸妈妈能够友好相处，你也能更加安心呢？"——需求

"所以你看见爸爸妈妈吵架的样子肯定感到很害怕。妈妈知道，妈妈向你道歉。"——承认自己的责任

对孩子说："我知道你当时有多害怕。爸爸妈妈吵架的时候没能照顾到你的感受，很抱歉。妈妈会跟爸爸好好谈一谈，然后和好的。对不起。"然后抱一抱他。就算只是做到这种程度，孩子也会觉得"爸爸妈妈是理解我的"。

当然，我知道这一过程对妈妈来说是多么困难。有时，我们会觉得"我连理解自己都做不到，又该怎么办呢"，心中一片茫然。自己都感觉很吃力，还要去照顾孩子的感受，要去理解他，的确是很困难的，也是一个巨大的挑战。但就算是这样，我们也绝不能视而不见，当作什么事都没有发生。

共鸣角

当孩子陷入情绪低谷或伤痛，同时我们又非常害怕去面对时，试着用以下内容去进行对话。

先表达自己的恐惧心理，然后诚实地表达想要倾听孩子态度的想法。

代替沉默，视而不见

➡ "妈妈很担心你。爸爸妈妈吵架的时候，我看见你站在那里看见我们了。我们本应该更冷静一些的，妈妈对不起你。妈妈想听听你是怎么想的，能跟妈妈说说吗？"

如果孩子说话了，那么请对孩子的内心与需求表示认同。

"没事。你不用费心。""别担心。"

➡ "是不是很害怕呀？（情绪）你是不是想让爸爸妈妈友好相处，你也能更安心呢？（需求）所以爸爸妈妈吵架的时候你肯定很害怕，妈妈知道。对不起。"（承认自己的责任）

23 离婚家庭里最重要的一件事，了解孩子的想法

替代〝爸爸有没有提起过妈妈呀？〞

离婚会让父母双方陷入极大的悲痛之中，以至于往往无法顾及同时也陷入混乱情绪中的孩子。在一片慌乱中度过了一段时间之后，曾经烙在心里的伤痛就像是海啸席卷过后，留下一片混乱，但此时我们的孩子就藏在某个悲痛的角落，因不安而瑟瑟发抖。过了那段时间，我们会反省"我的孩子当时肯定很辛苦""我当时不应该那么做的"，但当时我们却浑然不知。当孩子半夜睡醒之后哭闹时，我们会因自己也太疲惫就不知不觉地对孩子说"因为你，妈妈连觉也没法好好睡！"等不好听的话，而不是想到"因为现在这种情况，孩子在情绪上也会感到不安"。重要的是，如果大人之间表达自己内心真实的感受，那么彼此是可以理解的，但孩子却做不到这一点，而且这段时间的记忆会延续很长时间。

离婚对孩子会产生巨大的创伤，这跟父母的意愿无关。父母要做的事就是想办法把伤害降到最低，看着孩子的眼睛抚慰他的心灵，并思考帮助他们健康生活下去的方法。

"就算夫妻变成陌生人，但依然是孩子的父母。"我们需要记住，是孩子给予了我们力量。让我们去注视孩子悲伤与不安的眼睛，凭借我们的努力，去造就孩子更加健康的未来。

不可以进行的对话

离婚会赋予父母探望权，抚养者要以固定的周期协助前配偶与孩子见面。如果抚养权在母亲这里，那探望权就在父亲那里。但因为两个人已经提前做好了心理准备去选择各自的人生，所以不会产生太多混乱。但对于来往于两个家庭的孩子来说，不安、焦虑与不熟悉造成的混乱是存在的。越是年龄小的孩子，他们就越不能正确意识到自己的情绪，更无法将情绪表达出来。因此孩子们可能会用身体语言去表达。有的孩子会啃手指头，有的孩子会出现抽动症，有的孩子还会出现夜尿症或神经性腹泻，有的孩子会突然变得沉默或者突然变得散漫。我们无法预知孩子会发生什么样的变化。如果你经历了离婚，一定要对孩子的语言、行动与身体情况格外注意，并试着去帮助他。因为频繁来往于两个家庭的孩子，心里肯定不会好受。

"在那儿都干什么了？"

"爸爸说什么了？奶奶说了有关妈妈的一些话吗？"

"一去爸爸家，回来就变得这么脏。"

如果一直埋怨前夫，并询问在那边的情况，那孩子会怎么想呢？孩子可能会感觉在被审问、被追究，会感觉到自己在被怀疑，因此会产生焦虑。在这些过程中，孩子会承受很大的心理压力。孩子没有错，这只是父母做出的选择，孩子为何要承受这些呢？

父母需要照顾到孩子的情绪，尤其在孩子面前，我们不可以诋毁前任。如果在孩子面前总是指责并埋怨前任，那么孩子会感到非常痛苦。所以，就算感到好奇也要忍住。"玩得开心吗？跟爸爸在一起幸不幸福啊？有什么需要妈妈做的吗？"说说这些就足够了。如果孩子先开口了，就对孩子说："有什么需要妈妈帮助的吗？"这就可以了。更进一步，如果能问"爸爸身体还好吗？奶奶身体也还好吧"，那就更好了。

如果离婚了，我们要在自己的位置上寻找最能让孩子感到舒服的方法。要记住的是，孩子需要的不是完美无缺的父母，只要我们具备诚实、真诚的态度就足够了。也就是说，我们要在自己的位置上尽最大的努力。如果孩子感到安心，那他自然会先开口说话；如果需要帮助，他也会如实地说出来。让我们更加耐心一点，千万不要在孩子面前诋毁前任，这一点一定要做到。

重新找回笑容的孩子

在《孩子，你的情绪我在乎》一书中根据不同的家庭形态，对青少年的成长过程进行了一项调查。根据调查结果，孩子们会随着夫妻关系的变化，而不是家庭形态的变化而发生变化。就算是在正常家庭，如果父母一直处于矛盾与对立的状态，在成长过程中孩子们也会感到非常煎熬；而就算是在离婚家庭，如果父亲与母亲彼此尊重、坦诚相待，让孩子看到各自努力生活的一面，那么这些孩子与正常家庭中的孩子也不会有什么区别。

谁都有可能离婚，也有可能突然某一天就失去了另一半，因为人生就是这样不可预测。重要的是在自己的处境中，我们要以怎样的方式去养育孩子，要与孩子建立起什么样的关系，这会对孩子的人生产生重要的影响。

面对婚姻破裂时，我们会感觉自己走投无路。我们会感觉"我遇到了错误的人，才使得自己的人生变成这副模样"，然后不知不觉就会把自己的负面情绪发泄到对方身上。如果以这样的心态去看待孩子，那么孩子将不再可爱。有时我们还会出现"如果没有孩子，我的人生会不会更好一点"这样的想法。无论如何，我们都不能丢掉"是孩子给了我勇气与力量"这种信念。因为这才是事实，也是希望。

共鸣角

面对刚从前夫家回来的孩子，
我们要询问孩子这段时间的情绪变化，
而不是去追究在那边所发生的事。

"吃什么了？"
"去哪儿了？"
"都说了些什么？"
➡ "有什么好玩的事吗？"
"跟爸爸在一起开心吗？"
"身体都还好吗？"
"有什么需要妈妈去了解的吗？"
"有什么需要妈妈帮助的地方吗？"

附录 1

情绪列表

想让对方理解自己，最重要的是先认识自己的情绪。请在下表中寻找自己某一时刻的情绪。

如愿以偿的时候（需求被满足）	没有如愿以偿的时候（需求没有被满足）
激动的 , 满足的	
爽快的	尴尬的
感谢的	担心的
平静的	痛苦的
思念的	麻烦的
高兴的	泄气的 , 无奈的
精神抖擞的	紧张的
宽慰的	从容的 , 镇定的
多情的	冷淡的
坚毅的	受到惊吓的
心胸宽广的 , 宽容的	郁闷的
入迷的	困惑的
心头一暖的	恐惧的
可喜的	乱七八糟的
满意的	麻木的
舒畅的	愤慨的
生机勃勃的	

如愿以偿的时候（需求被满足）	没有如愿以偿的时候（需求没有被满足）
放心的 鼓起勇气的 愉快的，痛快的 骄傲的 刺激的 舒适的 幸福的 好奇的 轻松的 兴奋的，心动的 充满希望的，充满期待的	不安的 悲惨的 遗憾的，失落的 愤怒的 羞愧的 悲伤的 失望的 遗憾的 令人惋惜的 暗淡的 被压垮的 委屈的 心烦的 焦躁不安的 稀里糊涂的 孤独的 畏缩的 急躁的 挫折的 迷离的 厌烦的 无聊的 疲惫的 不耐烦的 空虚的 混乱的 生气的 后悔的

附录 2

需求列表

在生活中，每一件我们认为重要的事情都是需求。请在寻找对自己重要的事情时使用该表。

基本需求	关联性	例	
生存需求	与身体、情绪、安全相关的需求	空气 食物 居住 休息 – 睡眠 身体接触 性表现 情绪稳定 经济稳定	身体安全 照顾（自己） 保护（自己） 产生热爱 自由活动 – 运动 健康 无病无灾
社会需求	与归属感、合作、爱相关的需求	连接 纽带 沟通 照顾 尊重 相互理解 依赖 理解	抚慰 安慰 信赖 确信 可预测性 一贯性 参与 诚实

基本需求	关联性	例	
社会需求	与归属感、合作、爱相关的需求	包容 支持 协力 帮助 感恩 关心 友情 分享 怜悯 归属感 共同体 安心（放心） 爱	职责－责任 平和 从容 美丽 教导 成就 共享 柔性 亲密 热爱 照顾（对方） 保护（对方）
对于力量的需求	与成就、认同、自尊相关的需求	平等 秩序 自信 自我表现 被重视 能力 存在感 公平 真诚 透明性 正直	人情 一致 个性 熟悉 专业性 尊重 正义 成就感 均衡 目的－目标 效率

基本需求	关联性	例	
对于自由的需求	与独立、自律、选择相关的需求	成就 生产 成长 创造性 治愈－恢复 选择	自由 自立 自律 个人时间 自由活动
对于趣味的需求	与玩乐、学习相关的需求	游戏 自觉 挑战 领悟	明析 学识 发现
对于人生意义的需求	与灵性、赞颂人生相关的需求	意义 祝贺－哀悼 爱 愿景 梦想 希望	心灵交流 灵性 灵感 尊严 贡献